LES JEUX
DU CIRQUE

ET

LA VIE FORAINE

> ... Enfin, de son vil échafaud
> Le clown sauta si haut, si haut,
> Qu'il creva le plafond de toiles
> Au son du cor et du tambour,
> Et, le cœur dévoré d'amour,
> Alla rouler dans les étoiles.
>
> Théodore de Banville.

L'auteur et les éditeurs se réservent le droit de traduction et de reproduction à l'étranger.

Cet ouvrage a été déposé au ministère de l'intérieur (section de la librairie) en novembre 1889.

Il a été tiré de cet ouvrage

50 *exemplaires*

sur papier de la Manufacture impériale du Japon.

PARIS. TYPOGRAPHIE DE E. PLON, NOURRIT ET Cⁱᵉ, RUE GARANCIÈRE, 8.

LES JEUX
DU CIRQUE

ET

LA VIE FORAINE

PAR

HUGUES LE ROUX

ILLUSTRATIONS DE JULES GARNIER

PARIS
LIBRAIRIE PLON
E. PLON, NOURRIT ET Cie, IMPRIMEURS-ÉDITEURS
RUE GARANCIÈRE, 10

PRÉFACE

Le premier titre de ce livre a été : Les Banquistes ; *on l'a effacé pour deux raisons qui à l'examen paraissent excellentes : le grand public l'eût mal entendu, et il eût certainement blessé les intéressés qui l'auraient compris.*

Aussi bien, si l'on consulte les dictionnaires d'étymologie, on trouvera au mot saltimbanque, *plus répandu que celui de* banquiste, *cette racine certaine :*

Saltimbanque, *s. m., de l'italien* saltimbanco, *proprement : qui saute sur un banc (latin,* saltare in banco). *De même l'italien a aussi* cantimbanco, *chanteur de tréteaux.*

J'ajoute que si, après être remonté aux étymologies des mots saltimbanque, banquiste, *on vient à chercher celle du mot* banquier, *on s'apercevra qu'un même radical « banco » est commun à ces trois dérivés. Dans les foires d'autrefois, deux personnages élevaient un petit tréteau, un « banc » : le changeur d'or et l'acrobate. Peut-être ce « banc » servait-il déjà de tremplin pour mieux sauter au banquier comme au banquiste, peut-être faudrait-il remonter jusque-là pour retrouver l'origine exacte de cette locution dont l'usage est aujourd'hui si répandu :* lever le pied.

Quoi qu'il en soit, on comprendra mieux après la lecture de cet ouvrage que l'acrobate contemporain, assagi, enrichi, embourgeoisé, repousse avec indignation un terme argotique qui semble lui assigner une communauté d'origine avec nos modernes financiers.

Cette intolérance n'est certainement pas l'unique étonnement que la lecture de ces pages réserve au lecteur. Nous avons la prétention de le conduire au seuil d'un monde inconnu.

Avant de nous donner à ce travail qui ne nous a pas absorbés pendant moins de trois années, j'ai fait des recherches bibliographiques et iconographiques complètes sur la question banquiste. La conclusion a été que nul auteur français ou étranger méritant attention ou emprunt ne s'était occupé jusqu'ici de ce peuple original. Le directeur de l'Hippodrome, M. Houcke, avait bien voulu mettre à notre disposition une série de lithographies publiées en Allemagne. Le texte et la vérité d'observation faisaient ici si fort défaut, que ces dessins n'ont pu nous être d'aucun secours.

De même pour les Saltimbanques *que M. Escudier a publiés, à la fin de l'Empire, chez Michel Lévy. Le seul mérite de M. Escudier fut de découvrir un sujet inconnu. Il eut le tort d'écrire sans renseignement, sans pittoresque, sans philosophie, avec le ton de légèreté et d'insupportable badinage qui est commun à presque toutes les publications de cette époque.*

Plus récemment un écrivain consciencieux et qui aime les acrobates, M. Dalsème, a publié sous ce titre : Le Cirque à pied et à cheval, *un* recueil plus intéressant. La bonne grâce avec laquelle M. Dalsème signale dans son livre les emprunts qu'il faisait à mes publications m'engage à le payer ici de retour. Et vraiment, pour flottant, pour incomplet que soit son livre, c'est encore le travail le plus intéressant qui ait été publié jusqu'ici sur un sujet neuf.

Ce jugement met hors de pair et de tout rapprochement impie le roman de M. Edmond de Goncourt : Les Frères Zemganno. Bien que l'observation scrupuleuse soit la discipline avérée du romancier, lui-même a déclaré que cette fois-là il avait surtout songé à écrire un livre symbolique. Ses renseignements étaient nécessairement superficiels. Tels qu'ils sont, je ne crois pas que personne ait à cette heure de meilleure raison que nous pour admirer l'art et la vérité supérieurs avec lesquels M. de Goncourt a parlé du cirque, formulé sa philosophie, dépeint ses passions, deviné ce qu'on lui celait. Et j'ai l'espoir que l'auteur des Frères Zemganno sera un des premiers à goûter la nouveauté de ce travail.

La lecture du roman dit naturaliste a progressivement habitué le public à supporter dans les livres une assez forte dose de réalité. Une foule de jeunes gens ont écrit à l'imitation des maîtres des histoires qui, banales dans la fable, valaient surtout par l'observation consciencieuse des « milieux ». Mille enquêtes sur les contemporains ont été savamment conduites, et les liseurs de livres ont compulsé avec curiosité ces dossiers de sociologie.

Il m'a paru que ce qu'il y avait de meilleur dans ces romans, de plus vraiment goûté des lisants, c'étaient les faits d'expérience ; je me suis donc demandé si le moment n'était pas venu de présenter au lecteur ces faits dépouillés de toute fiction romanesque, dans une forme où l'auteur n'interviendrait que pour coordonner les observations, pour dégager leur philosophie.

L'aventure de ce livre prouvera si cette tentative est prématurée, s'il y a lieu de lui donner suite.

Ce que nous publions ici, c'est, proprement, racontée par la plume et par l'image, la monographie d'un peuple inconnu. Ses lois, ses mœurs, ses traditions, ses secrets, ses espérances ont été saisis, fixés malgré les réticences, les défaites, les témoignages vacillants et contradictoires. On assistera à l'organisation du peuple banquiste, à la fondation de ses agences, de ses journaux, de ses syndicats; on suivra le bateleur depuis sa naissance dans la caravane foraine jusqu'à son apothéose dans la frise du cirque. Et tout de même pénétrera-t-on dans les écuries pour surprendre les secrets du dresseur, du dompteur, de l'écuyer, dans les loges pour demander au clown le récit de ses avatars et par quelle fortune, devenu gentleman, il s'est un jour rencontré au pays de fantaisie avec le gentleman devenu clown.

Je ne saurais terminer cet avant-propos sans adresser ici des remerciements bien vifs à tous ceux qui nous ont aidés à mener à bonne fin ce travail, — à nos correspondants volontaires d'Amérique, d'Angleterre, d'Allemagne et de Russie. Mais dans ce payement de nos dettes nous devons une reconnaissance particulière au savant directeur du service photographique de la Salpêtrière, M. Albert Londe, à M. Guy de la Bretonnière, le circomane bien connu, à des amateurs comme MM. de Saint-Senoch, Bucquet et Mathieu. Les clichés que ces messieurs ont bien voulu exécuter pour nous ont permis au dessinateur de représenter les acrobates dans ces poses intermédiaires que l'œil ne saisit jamais et que la photographie instantanée la plus rapide n'avait pas fixées jusqu'ici. Quelques chiffres loueront mieux que toutes les paroles l'inestimable rareté de ces documents :

Au mois de juin 1888, M. Houcke, nous ayant donné rendez-vous à l'Hippodrome, fit sauter en notre présence le clown Auguste et un artiste de barre fixe. La Société d'excursions française de photographie, conduite par son président, était venue au grand complet. Une cinquantaine d'appareils avaient été dressés en batterie; chaque amateur avait apporté douze glaces. Après dépouillement, M. Albert Londe nous remit DIX *épreuves qui seules, sur* SIX CENTS, *avaient été jugées dignes de tirage; en dernier examen,* SEPT CLICHÉS, *en tout, furent conservés par le peintre. Ils ont inspiré la série de sauts périlleux que l'on trouvera au chapitre des* GYMNASIARQUES.

HUGUES LE ROUX.

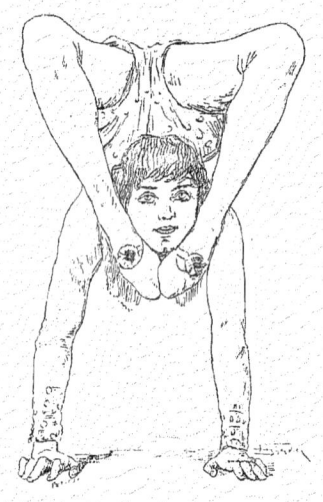

PREMIÈRE PARTIE

LES BANQUISTES

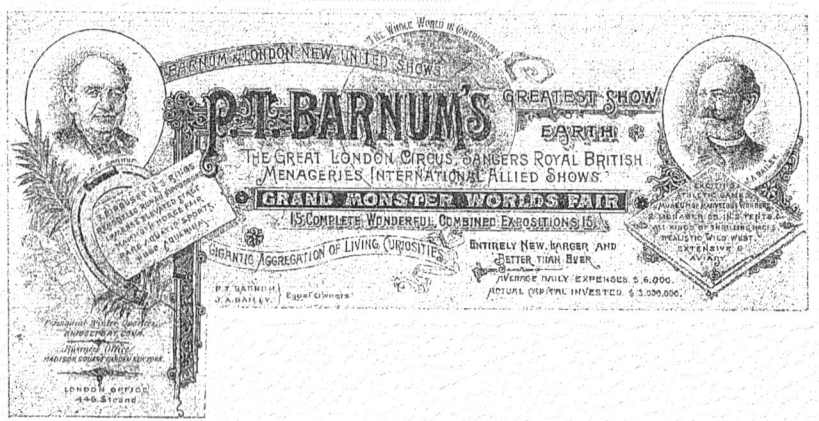

CHAPITRE PREMIER

L'ORGANISATION

Les Parisiens vivent dans une scandaleuse ignorance des êtres et du milieu où ils se meuvent. C'est ainsi que, friands d'exhibitions curieuses, jamais ils ne se sont sérieusement enquis de l'origine, de la vie intime, des conditions de recrutement de tous ces merveilleux artistes qu'ils applaudissent dans leurs cirques, dans leurs théâtres-concerts, dans leurs salles de spectacle. J'ai souvent entendu des personnes soi-disant bien informées, et qui parlaient avec beaucoup de réticences et de sous-entendus, affirmer qu'il existait de par le monde des fabriques de monstres, des conservatoires d'acrobates, des bureaux de placement de saltimbanques ; — que l'on pourrait, en cherchant bien, — avec l'aide discrète de la police, — découvrir des succursales de ces établissements pittoresques dans les cours des miracles du vieux Paris.

Ceci est une histoire à faire peur aux marmots; il faut la laisser s'envoler avec la poussière des démolitions, et accorder votre confiance au présent livre; il n'a d'autre ambition que de vous apprendre sur ce sujet mystérieux la vérité telle qu'elle est.

Ce n'a pas été l'affaire d'un jour de réunir tous ces documents. Jaloux qu'il est de sa liberté, le saltimbanque ne cause pas volontiers avec ceux qui l'abordent. Il faut user des longues patiences qu'ont pratiquées les voyageurs dans leurs relations avec les sauvages, avant d'entrer dans l'intimité de ce peuple encore aussi épars, aussi varié, aussi bariolé, aussi vagabond que ses aïeux les Zingari, qui, la guitare au dos, le cerceau à la main, les cheveux noirs cerclés d'un diadème de cuivre, ont traversé le moyen âge, protégés contre la haine des petits et contre la cruauté des grands par le talisman des terreurs superstitieuses.

Cette tribu, carrefour de toutes les nations et de tous les types, s'appelle, dans un argot spécial, la *banque,* — il y a la *grande* et la *petite;* — ses membres se nomment les *banquistes.*

De longues hérédités, une sélection toujours dirigée dans le même sens, — celui de la force et de l'adresse, — a fini par donner un caractère spécial à ce peuple international. C'est, au point de vue des instincts supérieurs, le goût de l'aventure, une surprenante facilité à parler toutes les langues, à s'assimiler toutes les civilisations ; d'autre part, au point de vue physique, un étrange amalgame de qualités qui semblent s'exclure : la souplesse italienne, la froideur anglo-saxonne, la ténacité allemande. Je ne cite pas l'appoint des qualités françaises dans la fabrication de ces libres citoyens du monde : la terre de France est si douce à ses enfants, que ceux-là mêmes qu'ont tentés la gloire et les périls de l'acrobatie, ne quittent point le pays natal. Statistique en main, les Français entrent bien juste dans une proportion de cinq pour cent dans la tribu des banquistes qui circulent autour de la terre.

Ils ne sont pas si nombreux qu'on pourrait le croire, ces saltimbanques : en tout, quelques milliers. Mais la terre n'a pas d'hôtes plus libres que ces hommes, en qui le poète Théodore de Banville a salué les frères des oiseaux, les habitants de l'idéale cité aristophanesque. Seigneurs de leur bon plaisir, ils n'obéissent à d'autres lois qu'aux conditions de leurs engagements volontaires. Ils fuient la guerre, ils fuient la peste, ils fuient la ruine. Quand le ciel s'assombrit, ils bouclent leurs malles, ils montent sur les passerelles des paquebots, ils s'en vont vers les pays de la gaieté et de l'or.

Le seul tracas de ces vies insouciantes, c'est la question des engagements. L'habileté avec laquelle les banquistes ont tourné les difficultés que pouvait amener dans leurs affaires la nécessité d'une existence nomade, est un exemple très remarquable de ce sens pratique que développe, chez l'individu le moins cultivé, la constante habitude du voyage.

Dispersés aux quatre coins du monde, les banquistes se sont mis en relations constantes avec les directeurs et les *impresarii* d'abord, avec leurs camarades ensuite, au moyen d'un certain nombre d'agences et de journaux spéciaux à la corporation.

La doyenne de ces publications, c'est *The Era*, qui se publie à Londres en langue anglaise. *The Era,* aujourd'hui dirigée par Edward Ledger, Esq., a été fondée en 1837. C'est une sorte d'indicateur de vingt-quatre pages à six colonnes, du format ordinaire des journaux anglais et du prix de six pence. Dans le titre, l'écusson royal, porté par le lion et la licorne, sépare les deux mots *The* et *Era*.

La moitié du journal est remplie d'adresses dans ce type :

Miss FLORENCE WEST
Address
10, Elm Tree road, N. W.

Miss MINNIE BELL
Disengaged
Crystal Palace

Toutes ces adresses sont rangées par ordre alphabétique. Un directeur peut découvrir en une seconde où se trouve momentanément le « numéro » avec lequel il se propose de traiter.

Le *Era* sert d'ailleurs de boîte aux lettres à tous ses abonnés. Une rubrique spéciale est ouverte sous ce titre :

« The ERA » LETTER-BOX.

Suit en colonne la liste alphabétique des personnes au nom desquelles un pli a été envoyé aux bureaux du journal.

Adeson, M.
Atleyn, Madame.
Barry, Miss Helen.
Chelli, Miss Erminia, etc.

Le reste de l'*Era* est consacré à des comptes rendus artistiques de tous les spectacles du monde et, naturellement, aux offres d'emploi et aux réclames.

La fantaisie la plus extraordinaire se donne carrière dans la rédaction et la disposition typographique de ces réclames. Il s'agit d'accrocher l'œil à tout prix. Un artiste de mérite n'hésite pas à se payer toute une colonne dans laquelle, horizontalement, diagonalement, en croix, en X, il répète trois ou quatre cents fois de suite son nom et ses qualités.

Je relève et traduis au hasard des colonnes de l'*Era* les réclames suivantes :

UN JEUNE HOMME, complètement désarticulé, désire contracter un engagement avec une troupe voyageuse.

Cet artiste s'intitule indifféremment sur les affiches l'*homme-caoutchouc* ou l'*homme-serpent*. Il se charge des rôles de singe dans les pantomimes.

Der Artist

Central-Organ zur Vermittlung des Verkehrs zwischen Directoren und Künstlern
der
Circus, Varietébühnen, reisenden Theater und Schaustellungen.

Chefredacteur: C. Kraus, Düsseldorf. Verantwortl. Redacteur: Hermann Otto, Düsseldorf.
Druck und Verlag von C. Kraus, Wehrhahn 28a, Düsseldorf.

„Der Artist" erscheint wöchentlich Sonntags, kann durch jede Postanstalt und jede Buchhandlung des In- und Auslandes bezogen werden oder wird gegen ein Vierteljahrs-Abonnement von M. 3.—, welches vorher einzusenden ist, regelmässig unter Kreuzband zugesandt. Sendung ausländischer Banknoten gestattet; bei eventueller Uebermittlung ausländischer Postmarken ist ein Viertel des Betrages mehr einzusenden für entstehenden Verlust bei Umwechselung.

Den Abonnenten stehen in jeder Nummer 2 Zeilen Raum für Erwähnung Ihrer Adresse zur Verfügung. Für jede Mehrzeile wird 1 Mark berechnet.

Anzeigen pro 4gespaltene Zeile 20 Pfg. Reklame pro 3gespaltene Zeile 50 Pfg. Die Zeilenzahl wolle man gefälligst selbst bestimmen und dementsprechend den Betrag einsenden.

Allen Anfragen und Aufträgen sind Postmarken im Werthe von 30 Pfg. beizulegen.
Correspondenz: deutsch, englisch, französisch und italienisch.

No. 147.   Düsseldorf, 4. December 1887.   5. Jahrgang.

Signorita Rosita de la Plata,

die erste Jockey-Reiterin der Welt, aus Süd-Amerika.

Urtheil der Presse:

„Der Circus H. Herzog versammelt allabendlich Tausende von Zuschauern in der riesigen Bretterbude auf dem Bismarckplatz in Dresden und viele unserer Leser dürften dort schon manchen amüsanten Abend zugebracht haben. In fieberhafter Eile jagen sich die einzelnen Piècen; wir bewundern die schönen, seltenen Pferde und ihre vorzügliche Dressur, wir lachen über die urkomischen Tricks der Clowns und spenden einer anmuthigen Panneau-Reiterin lebhaften Beifall. Plötzlich putzen ein paar Circushabitués haben uns ihre grossen Operngucker und schauen mit Spannung nach der den Stalleingang verhüllenden Portière. „Jetzt kommt Rosita de la Plata!" spricht einer von ihnen halblaut vor sich hin und in demselben Augenblick trabt auch schon ein prächtiger Schimmel in die Manége und hinter ihm springt, sich bezaubernd nach allen Seiten verneigend, ein reizender Damen-Jockey. Jubelnder Beifall begrüsst die anmuthige Dame — es ist Rosita de la Plata! Sie geniesst mit Recht den Ruf als erste Jockeyreiterin der Welt. Mit vollendeter Sicherheit und unnachahmlicher Grazie bringt sie noch nie gesehene Tricks zur Ausführung. Erhöht wird ihre Anziehungskraft noch durch eine anmuthige Erscheinung und ein sehr flottes Auftreten. Die kühne Reiterin ist in Buenos-Ayres geboren und steht gegenwärtig im 18. Lebensjahre. Als Elevin des berühmten Circusdirectors Cottrelly, dessen weitverbreitete Familie so viele hervorragende artistische Elemente birgt, war sie schon frühzeitig in der Manége zu Hause und entpuppte sich gar bald als ein equestrisches Talent allerersten Ranges, welches von keiner Jockey-Reiterin der Gegenwart übertroffen werden dürfte. Der sogen. „grosse Jockeysprung", der Sprung aus der Manége auf Pferderücken, gelingt ihr unfehlbar schon beim ersten Male — eine Leistung, welche allen Zuschauern Staunen und jubelnde Bewunderung abringt. Die junge Dame ist eine Ohne-Sattelreiterin in optima forma, bei welcher sich Kühnheit mit Grazie und Eleganz paart. Gegenwärtig macht diese phänomenale Künstlerin eine Tournée durch Deutschland und überall, wohin sie kommt, ist ihr enthusiastischer Beifall sicher. Vielgefeiert und vielbesungen, steht Rosita de la Plata vor der glänzendsten Carrière, die je einer Reiterin prognostizirt wurde!"

MISS MAGGIE Violette (barres fixes) est libre de tout engagement depuis Christmas.

UN PÈRE DE FAMILLE offre à MM. les directeurs une jeune fille de quatorze ans qui n'a qu'un œil placé au-dessus du nez et une seule oreille sur l'épaule.

The Era a un concurrent américain également rédigé en langue anglaise, *The New-York Mirror*. Ce journal n'offre qu'un avantage sur l'*Era :* il publie des portraits.

De son côté, l'Allemagne édite deux journaux de banquistes :

l'un, sous un titre français, *la Revue ;* l'autre, beaucoup plus important, se nomme *Der Artist*. Le sous-titre complet est : *Central-Organ zur Vermittlung des Verkehrs zwischen Directoren und Künstlern der Circus, Varietebühnen, reisenden Theater und Schaustellungen*. Le journal est imprimé à Düsseldorf ; il a pour *Chefredacteur* M. C. Krauss.

Der Artist a été fondé il y a six ans. Il a l'aspect d'une revue hebdomadaire de vingt feuillets partagés en trois colonnes. Une gravure sur bois, qui occupe le frontispice et tout le côté gauche de la première page, représente diverses scènes de cirque et de théâtre, des tireurs faisant éclater des bouteilles, des chevaux franchissant des barrières, des écuyères montant en haute école, des lions privés, des nains, des géants, des pierrots, — tout le cirque et toute la foire.

M. C. KRAUSS.

On retrouve ici, comme dans le *Era*, les longues énumérations alphabétiques d'établissements roulants et fixes, des listes d'adresses d'artistes engagés ou disponibles. Ces réclames sont presque toutes rédigées dans un charabia extraordinaire, qui laisse bien loin derrière soi l'ingéniosité du « sabir » : telle cette annonce, la première venue, étrange salade de mots anglais, français, latins, italiens et allemands :

MISS ADRIENNE ANCIOU, la reine de l'air, la plus grande Équilibriste aérienne de l'Époque, — Nec plus ultra — senza Rival, frei ab August 1888, 28 East 4. the Str. New-York.

Il est très remarquable que le puffisme anglais et américain a ici tout à fait disparu. Le sérieux, l'application du caractère allemand se trahit jusque dans la disposition typographique de ce journal d'acrobates. Il est imprimé avec la netteté et le soin d'un catalogue des librairies de Leipzig. Les notices biographiques, les nécrologies, la rubrique des accidents, les *Varietebühnen* sont rédigés avec un souci d'exactitude tout à fait minutieux. Une place est faite d'ailleurs à la littérature dans cette publication singulière. Le dernier numéro de l'*Artist* publie en feuilleton *Damons Walten,* roman de Otto von Ellendorf. Il est aisé de comprendre quels services de semblables journaux peuvent rendre aux banquistes.

— Pour dire le vrai, me contait un jour l'un d'eux, nous n'avons pas dans le monde d'autre *home* que la petite case d'annonce, où ceux qui nous connaissent viennent chercher de nos nouvelles, où l'on apprend l'aventure de nos engagements, de nos succès, de nos accidents, de nos mariages, de la naissance de nos enfants, de notre mort.

Entre le banquiste qui quête un engagement par la voie des journaux et le directeur toujours à la recherche d'un « numéro » extraordinaire, devait nécessairement surgir un troisième personnage qui s'occupât de mettre en rapport les uns avec les autres, — le courtier qui se lève partout entre l'offrant et le demandeur.

Et en effet, à cette heure, les principales villes du monde ont leurs agents de banquistes. Ce sont des personnages considérables et qui gagnent gros. Les plus connus sur le continent sont MM. Paravicini et Warner, de Londres ; Hitzig et Wulff, de Berlin; Wild, de Vienne; Rosinsky, de Paris; Naet Salsbury, de New-York, qui, pendant l'Exposition de 1889, nous a fait voir la vie sauvage du « Wild-West » transportée à Paris dans la personne du célèbre Buffalo-Bill et de ses Indiens.

L'histoire de l'Agence Rosinsky vaut la peine d'être contée, car, à cette heure, elle est si florissante, qu'elle a déplacé, au profit de Paris, le marché des engagements, qui siégeait précédemment à Londres.

R. ROSINSKY.

Vous imaginez bien que l'on n'arrive point à ouvrir un bureau de ce genre sans avoir traversé quelques aventures, et, de fait, R. Rosinsky a eu une existence des plus accidentées.

C'est aux États-Unis, dans la fréquentation de Barnum, qu'il a pris le goût de la profession. Manager de plusieurs troupes américaines, il a été directeur de théâtre tour à tour à Saint-Louis du Missouri et à New-York. Les affaires étaient prospères, et, avec un associé, Rosinsky avait ouvert un cirque pour toute la durée de l'Exposition de Cincinnati, lorsqu'un accident bien imprévu le ruina.

Un soir, le fils de son associé, un grand garçon de vingt-cinq ans, sourd-muet, une espèce de brute robuste et dangereuse, voulut entrer de force dans la loge d'une écuyère qui quittait ses vêtements d'exercice. On courut chercher un policeman. Le sourd-muet tira un revolver de sa poche, fit feu sur le policeman et le tua raide.

M. SARI,
Fondateur des Folies-Bergère.

Cet assassinat eut la conséquence que l'on pouvait prévoir : la fermeture du cirque. Ruiné, R. Rosinsky recommença le cours de ses voyages.

Quelques mois plus tard, le fameux Brigham Young l'appelait à la direction du théâtre des Mormons. J'ai présentement sous les yeux un numéro du journal *The Salt Lake Daily Herald*, le *Héraut quotidien du Lac Salé,* dans lequel se trouve, à la date du « Saturday morning, May 22, 1875 », un « advertisement » ainsi conçu :

Salt Lake Theatre
R. Rosinsky. . . . . Manager
GRAND MATINÉE THIS EVENING
The Wonderful
JACKLEY FAMILY
Acrobats and gymnasts.

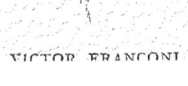

M. VICTOR FRANCONI.

Les Banquistes.

La même année, engagé par Sari, le fondateur des Folies-Bergère, R. Rosinsky traversait la mer avec la famille Jackley.

Il fut tout de suite frappé du petit nombre d'étoiles connues à Paris, et, pour les attirer, il fonda, en 1875, une agence d'artistes. Ses affaires ont pris un tel développement, que l'agence Rosinsky est aujourd'hui en relation avec des correspondants disséminés dans toutes les grandes villes de l'Europe et du monde. Un seul chiffre pourra indiquer l'importance de ces affaires. La dépense annuelle de l'affranchissement des lettres dépasse dix mille francs.

L'agent des acrobates touche une somme de dix pour cent sur tous les engagements qu'il a procurés. Pour éviter toute contestation dans la perception de ce droit, on indique dans les traités que le tant pour cent de l'agent sera écarté par le directeur lui-même des appointements remis à l'artiste, à la fin du premier mois. Et ces appointements sont parfois très élevés.

Pour faire la comparaison des sommes autrefois allouées aux artistes du cirque avec les traitements qu'on leur octroie aujourd'hui, j'ai été consulter, dans les archives de M. Franconi, un vieux manuscrit dont le titre exact est : *Registre personnel du Cirque*, et qui remonte tout juste à cinquante ans.

On y voit qu'en 1838, les écuyers Auriol, Lalanne aîné, Lalanne (Pierre), Lalanne (Paul), Lalanne (Joseph), étaient payés, le premier cinq cents francs, les autres deux cent cinquante francs *par quinzaine*.

L'écuyère étoile, Mlle Lucie Linski, recevait alors trois cents francs, ses camarades cent, cinquante et même vingt-cinq francs, également par quinzaine.

Quatre ans plus tard, en 1842, Auriol, dont les succès vont croissant, a vu doubler ses appointements. Il touche mille francs par quinzaine, soit deux mille francs par mois, et l'écuyère, Mlle Lilianne, sept cents francs.

Aujourd'hui, une bonne écuyère de *panneau* se paye fréquemment deux mille francs par mois, quinze cents francs un clown sauteur, trois à quatre mille francs une famille d'acrobates, de sept cents à sept mille francs un artiste isolé dont le travail est extraordinaire. Ces prix ont même été parfois dépassés. Le docteur Carver, le tireur, était payé quinze mille francs par mois aux Folies-Bergère.

P. T. BARNUM.

Léotard, à ses débuts, a signé des engagements de six mois au prix de cent mille francs. Les deux frères Lockhart, que l'agence Rosinsky avait envoyés aux Indes comme clowns, sont revenus dresseurs d'éléphants, et aujourd'hui, chacun d'eux, avec sa bête, gagne dans les soixante-dix mille francs par année.

L'énumération de ces chiffres ne va qu'à un but que j'avoue :

frapper la foule de respect et lui faire entrer dans la tête qu'un bon acrobate est dans sa partie un être aussi exceptionnel que, par exemple, M. Renan dans la sienne. Je nomme à dessein le savant historien entre bien d'autres intelligences d'élite, parce que, dans sa sagesse, il est certainement persuadé que l'acrobatie n'est pas moins utile que l'exégèse au divertissement des hommes.

Tout à l'heure, à propos du manager Rosinsky, j'ai été conduit à parler de Barnum, P. T. Barnum, l'homme légendaire dont le nom, dans toutes les langues parlées sur la surface du globe, sert comme de superlatif ampoulé au positif *impresario*.

Écrire un livre sur les Banquistes et omettre d'y célébrer Barnum, ce serait proprement rayer d'un commentaire du Coran le nom vénéré du Prophète.

Rappelons donc ici, dans ses traits principaux, la biographie de Phineas Taylor Barnum.

L'homme qui a fait du « cirque américain » une institution nationale du nouveau monde, est né en 1810, au village de Bethel, dans le Connecticut.

J. A. BAILEY,
Associé et gendre de Barnum.

Il entre donc à l'heure présente dans sa quatre-vingtième année. Je renvoie le lecteur curieux de connaître les détails de cette vie aventureuse à un livre que P. T. Barnum a écrit lui-même pour l'édification de ses admirateurs (*The Life of P. T. Barnum*, New-York, 1885), et aussi à un autre ouvrage qui a été publié simultanément à Paris et à New-York, en 1865, sous ce titre : *Les Blagues de l'univers*.

Je laisse de côté l'exode du petit valet de charrue qui quitte la ferme pour se faire directeur de journal, je ne considère que

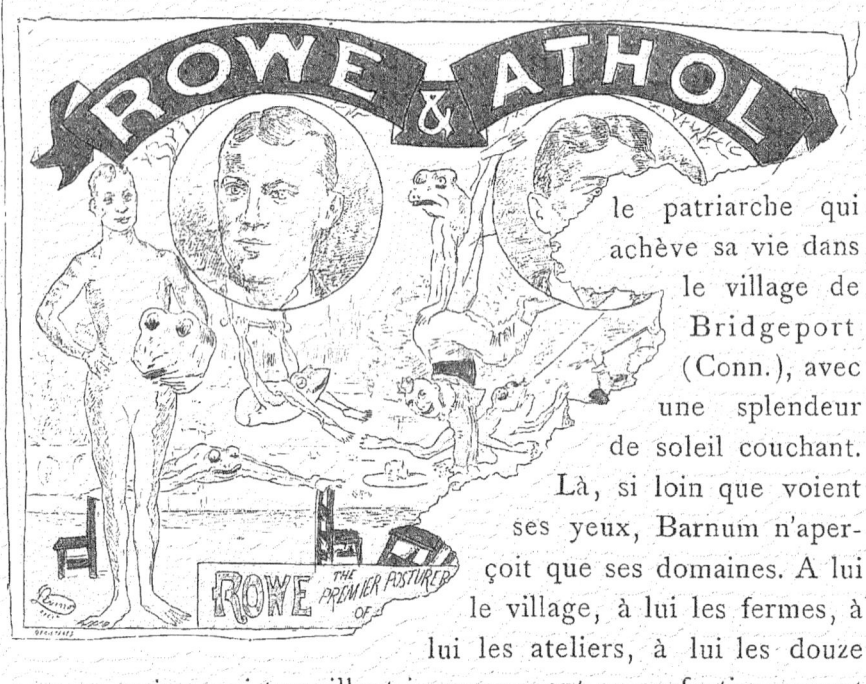

le patriarche qui achève sa vie dans le village de Bridgeport (Conn.), avec une splendeur de soleil couchant. Là, si loin que voient ses yeux, Barnum n'aperçoit que ses domaines. A lui le village, à lui les fermes, à lui les ateliers, à lui les douze cents ouvriers qui travaillent incessamment au perfectionnement du matériel de ce cirque, que trois trains spéciaux roulent constamment à travers le continent américain, d'un Océan à l'autre.

Une loi veut s'opposer au libre passage de ces trains sur les voies ferrées. Aussitôt Barnum, *par économie,* songe à construire à côté des chemins de fer existants une voie nouvelle pour son usage. Si la fantaisie lui vient de visiter l'Europe pendant l'Exposition de Paris, il souhaite acquérir le *Great Eastern* pour transporter son matériel, ses hommes et ses bêtes. La tente qui recouvre son cirque vaut à elle seule 30,000 francs; deux fois plus vaste que notre Hippodrome, elle peut donner l'abri à 15,000 spectateurs. Il suffit d'un jour pour la dresser, pour donner représentation et pour reprendre le voyage. Les recettes quotidiennes oscillent entre 40,000 et 60,000 francs.

Les comptables de Barnum, installés dans des voitures qui contiennent des caisses et bureaux, n'ont point le temps de tenir de livres. Chaque jour la recette, sans avoir été comptée, est expédiée à Bridgeport dans des tonneaux scellés, qui sont mesures de capacité pour l'or, l'argent et le billon. C'est à Bridgeport qu'on fait la caisse.

Une foule de parasites suivent Barnum dans ses voyages et bâtissent autour de sa tente. En quelques heures, une ville s'élève; on accourt de cinquante lieues à la ronde. D'ailleurs, des mois à l'avance, l'arrivée de l'impresario-roi est annoncée par des placards immenses.

Une histoire entre mille qui est un bon exemple du parti que Barnum a tiré de l'affiche.

Il y a quelques années, un nègre ayant obtenu une récompense au Conservatoire de Paris comme violoniste, Barnum conclut avec lui, par voie télégraphique, un engagement pour une année au prix de quarante mille dollars. Aussitôt on couvrit les murailles de New-York d'affiches qui représentaient, sans aucune légende, un nègre jouant du violon.

Son virtuose débarqué, Barnum se hâte de le produire. Les Yankees viennent entendre, applaudissent, mais n'envoient pas leurs amis. Que fait Barnum pour piquer la curiosité lente à s'émouvoir? Il ordonne à ses ouvriers d'afficher le nègre la tête en bas. Cette ingénieuse idée décida du succès. Peut-être les spectateurs qui affluèrent pendant trois années consécutives, s'imaginèrent-ils qu'on leur exhiberait un nègre lauréat du Conservatoire de Paris, qui jouait du violon en équilibre sur son crâne. Quelle que fût leur pensée, ils vinrent par millions, et l'anecdote n'est pas moins caracté-

Cirque d'Été

Champs Elysées

Tous les Soirs

Matinées Dimanches & Fêtes

Affiches Françaises, Imp. Émile Lévy & Cie, Rue des Petits Champs 36, Paris

ristique du genre très particulier de la curiosité des Américains que du puffisme de Barnum.

Elle est encore une preuve intéressante du rôle que joue l'affiche dans un succès forain. Les banquistes ont appris à connaître l'effet extraordinaire de ces réclames coloriées; aussi dépensent-ils autant d'argent qu'il faut pour se les procurer merveilleuses; et leurs affiches, dont on voit ici quelques reproductions typiques, sont d'une variété et d'un éclat propres à éblouir les collectionneurs. Les plus belles sortent des maisons *David Allen and*

sons de Belfast, de chez *M. Barlow* de Glascow, de chez *Adolphe Friedlander* de Hambourg, de chez *Charles Lévy* et *Émile Lévy* de Paris.

Telle est dans ses grandes lignes l'organisation des banquistes qui roulent le monde sans patrie et sans port d'attache. Il me reste à parler d'un saltimbanque plus casanier, le banquiste français, qui, lui, ne prend volontiers ni le railway ni les paquebots, et qui depuis des siècles, depuis des générations, se contente de faire au pas de caravane d' « assemblées » en foires son éternel tour de France.

LE VOYAGEUR FORAIN
Organe de la Chambre Syndicale des Voyageurs Forains
JOURNAL BI-MENSUEL PARAISSANT LE 1er ET LE 15 DE CHAQUE MOIS

RÉDACTION & ADMINISTRATION :
41, — Boulevard Henri IV, — 41
PARIS

Pas une de ces troupes de banquistes, pas un de ces théâtres de plein vent dont l'origine ne se perde dans la nuit des âges. A quelle époque ont été fondés le *Théâtre Vivien*, le *Théâtre de Saint-Antoine*, les théâtres de l'*Enfer* et du *Physicien Delisle?* En quel siècle Mouza-bab-aloued a-t-il fait tourner pour la première fois sa roue fatidique sous l'auvent de sa « caravane » ? Je vous dis que cela passe la mémoire des petits-enfants et des grands-pères. Au moins est-il sûr que tous, en naissant, nous apportons une curiosité mêlée d'une crainte délicieuse pour le saltimbanque, pour cet errant pittoresque qui, chaque année, passe à la même date, — comme les oiseaux de froid, — qui disparaît un matin sans que l'on se doute plus où il s'en est allé que l'on ne savait avec certitude d'où il était venu ; — être louche que les passants de grandes routes rencontrent, au soir tombant, dans les fossés, sa marmite déballée sur un tas de pierres, son maigre bidet broutant l'herbe poussiéreuse, ses enfants demi-nus vaguant autour de la caravane, dont la fenêtre étoilée de lumière jette sur la route, à travers le rideau d'andrinople, comme l'épouvante d'une flaque de sang.

Celui-là, c'est l'homme d'arrière-garde, l'attardé volontaire, le solitaire qui veut faire bande à part jusqu'au bout. Il n'a rien changé aux coutumes des aïeux. Il a mieux aimé se séparer des camarades que de se conformer aux usages nouveaux. Aussi les compagnons le renient. Ils ne veulent plus traîner de pareils mécréants à leur suite, à présent qu'ils sont une corporation ayant chartes et statuts affichés au soleil.

L'UNION MUTUELLE

Organe Officiel de tous les Industriels et Artistes Forains

PARAISSANT LE DIMANCHE

A l'heure qu'il est, le monde forain, comme toutes les sociétés où il y a des riches et des pauvres, est divisé en deux grands partis qui se tirent aux jambes. Chacun de ces partis a son journal, ses représentants, des administrateurs de ses intérêts, des réunions publiques et contradictoires. D'un côté, vous trouvez groupés tous les gros bonnets, les directeurs d'établissements importants, qui ont de graves intérêts à défendre. Ces messieurs sont volontiers conservateurs de fortunes amassées avec beaucoup d'effort. Les autorités, qui souhaitent le succès des « assemblées de quartier », favorisent ces notables banquistes dans la répartition des emplacements. De là des haines extraordinaires, de sauvages jalousies de la part des petites gens dont toute la fortune roule dans une seule voiture, marchands de gaufres et de pommes de terre frites, directeurs de balançoires et de lingots de tirs, de loteries, d'entre-sorts et de fosses mystérieuses.

Les petites gens ont été les premiers organisés. Voici déjà la sixième année que paraît le *Voyageur forain*, « organe de la chambre syndicale des voyageurs forains, journal bimensuel paraissant le 1ᵉʳ et le 15 de chaque mois ». Une note permanente, placée en haut de l'article de tête, avertit les lecteurs que « la chambre syndicale des voyageurs forains admet dans son sein tous ceux qui, pauvres ou riches, gagnent honorablement leur vie, en instruisant, en amusant le public ou en débitant des produits ».

Les bureaux de ce journal pittoresque sont installés boulevard Henri IV, au fond d'une cour, au-dessus d'une écurie. J'ai trouvé là un extraordinaire bohème fumant un brûle-gueule rallongé avec un tuyau de plume, qui composait à lui tout seul la rédaction du *Voyageur forain*. Cet homme de lettres rédige les Foires, les Correspondances, toute la partie technique du journal. Le reste du numéro se compose des articles des membres du conseil syndical. Et ce sont des diatribes d'une violence de mots tout à fait divertissante pour les curieux de langue verte contre le parti des « bourgeois » qui font bande à part.

M. HOUCKE,
Directeur de l'Hippodrome.

Ces « bourgeois », dont je lis les noms en tête du premier numéro du journal *l'Union mutuelle*, à la date du 8 mai 1887, c'étaient, au moment où la Société fut constituée :

Président : M. François Bidel, propriétaire-directeur d'un grand établissement zoologique, chevalier de la Valeur civile italienne ;

Vice-présidents : M. J. B. Revest, industriel, propriétaire associé : bateaux (mer sur terre) ; M. Ferdinand Corvi, propriétaire et directeur d'un cirque (miniature).

Je saute les trésoriers et les administrateurs. L'*Union mutuelle* disait à ses abonnés, dans ce numéro programme :

> En France, on a pris l'habitude de considérer le forain comme un être à part, digne tout au plus de pitié.
>
> Cependant, si nous consultons nos souvenirs, nous verrons que toujours et partout on a pu apprécier les hautes qualités morales de cette population, qui a, il est vrai, une existence particulière, mais très honnête et parfaitement honorable.
>
> Ne sont-ils pas forts, ces hommes qui groupent comme par enchantement de véritables cités dans la cité elle-même ; cités de plaisirs, d'attractions de toutes sortes, et que le public vient en foule applaudir et admirer ? Ne sont-ils pas hommes de progrès, ces forains dont on copie tous les trucs pour les approprier à nos grandes administrations ?
>
> Ne sont-ils pas, en un mot, les pionniers de la civilisation et du confortable ?
>
> Pourquoi alors paraissaient-ils délaissés ? C'est qu'ils n'existaient qu'individuellement ; c'est parce qu'entre eux ils jugeaient la cohésion impossible, qu'en un mot ils considéraient comme impraticable la création d'une grande association. Il a suffi, pour entraîner cette importante phalange, du concours généreux de M. Bidel, qui s'est mis résolument à leur tête et qui a dit :
>
> « L'Union est possible, unissons-nous ! »

Aujourd'hui, l'*Union mutuelle*, qui a été fondée le 29 avril 1887, est installée rue de Châteaudun, dans un fort bel immeuble. L'association est riche. Les membres ont droit de s'adresser à la caisse de retraite après dix ans d'association et cinquante ans d'âge. M. Bidel entrevoit le jour où, pour placer leurs fonds, ces éternels rouleurs de grande route feront à Paris l'achat d'un « immeuble de rapport ». L'*Union mutuelle* aura pignon sur rue. Les forains seront propriétaires à Paris. Et cette espérance, qui sera demain une réalité, ravit d'aise M. Bidel et ses collègues, surtout quand ils se reportent aux débuts modestes de l'association, aux réunions tenues aux Gobelins, dans la ménagerie même, alors que, par intervalles, le rugissement des animaux féroces couvrait la voix des orateurs.

Tous les mois, l'*Union mutuelle* tient une réunion plénière où les administrateurs viennent rendre leurs comptes aux adhérents. Tous les mercredis, le conseil d'administration se réunit pour expédier les affaires courantes.

La correspondance est volumineuse. Tous les adhérents de province qui ont à demander une autorisation à un maire ou à se faire rendre la justice, s'adressent à leur conseil d'administration pour solliciter un appui. Et, par cette voie, le forain obtient la satisfaction qui lui aurait peut-être été refusée. L'intérêt que l'*Union mutuelle* prend à ses affaires est pour lui la meilleure des recommandations : on sait en effet que nul ne peut faire partie de l'association s'il ne possède un casier judiciaire tout à fait indemne.

On apprend beaucoup de choses curieuses à la lecture du *Voyageur forain* et de l'*Union mutuelle*.

On ne soupçonne point, par exemple, comme la tournée des foires est habilement organisée, et cela depuis des siècles, pour diminuer autant que possible les frais de déplacement aux voyageurs.

Dans chaque numéro de journal, vous trouvez cette rubrique toujours ouverte : *Indicateur des foires du mois*. Suit la liste alphabétique des départements, avec des renseignements rédigés dans cette forme :

CHADWICK.

Ain. — 1 jour : le 2, Trévoux, 2,635 hab.; le 7, Marboz, 2,556 hab.; le 13, Bagé-le-Châtel, 727 hab.; le 18, Montrevel, 1,475 hab.

2 jours : le 22, Lagnieu.

Une seconde rubrique, la *Revue des fêtes et foires*, renseigne exactement les abonnés du journal sur les chances de bonne vente et sur les inconvénients d'un déplacement inutile. Voici, par exemple, le compte rendu de la foire de Sigean :

FOIRE DE SIGEAN (6 novembre)

Petite ville, à 21 kilomètres de Narbonne, par la route (chemin de fer à La Nouvelle, à 4 kilomètres), a été déplorable pour cause de mauvais temps et

que le pays est totalement ruiné. C'était, il y a quelques années, une foire très recherchée par les forains, car le public est très amateur et très sympathique aux étrangers. Les emplacements sont très élevés, régis par la municipalité, 25 centimes le mètre carré, par jour ; il est vrai que l'on fait quelques concessions sur ce prix, mais c'est encore beaucoup trop cher.

Voici les établissements qui s'y trouvaient :

M. Bétriou, musée du Progrès, et M. Bracco, théâtre des phoques, place de la Mairie. Sur la rue de Perpignan : Lemaître, musée mécanique ; deux tirs de salon ; Cloffulia, décapité ; Mercadier, carrousel : un combat d'ours ; Gras-Chognon, panorama ; bazars tournants, massacres et surtout des jeux d'argent, qui jouissent d'une grande tolérance moyennant finances ; nous avons vu une table de rouline qui payait 200 francs pour deux jours ; d'autres, dans des cafés, qui payaient au maître de l'établissement 400 francs pour une seule table. C'est regrettable, car de pareilles tolérances sont la ruine des bons et honnêtes forains.

Il y a aussi une chronique de l'étranger très soigneusement rédigée, telle cette correspondance envoyée au *Voyageur forain* de Karkhoff (Russie) :

Ceux de nos confrères qui n'ont pas froid aux yeux et n'ont pas peur de geler peuvent aller s'aventurer à Karkhoff, où il ne fait guère que 17 degrés au-dessous de zéro, avec 70 centimètres de neige; notre ami et correspondant nous donne d'intéressants détails sur les mœurs foraines et autres de la Russie; ainsi, dans la plupart des villes, il n'est pas rare de voir dans une seule baraque plusieurs installations, comme par exemple : un musée complet de figures et pièces anatomiques, panorama, singes, serpents, crocodiles, géants, nains, femme sans bras, le tout visible moyennant 20 kopeks ou 50 centimes, les enfants et militaires 25 centimes ; on ne parle ni des bonnes, ni de l'ardeur amoureuse des soldats russes.

Ces baraques restent installées deux et trois mois dans la même ville; cette année, il y eut à Karkhoff une exposition qui dura quinze jours et précéda la foire : il y avait un grand musée, un fileur de verre, un grand cirque, une grande ménagerie, un théâtre de singes, un aquarium et le théâtre de la ville, et cela dans une ville de vingt mille habitants, c'est-à-dire qu'il y avait trop d'attractions pour si peu de monde, et personne n'a rien fait; la population de basse condition ne vaut absolument rien et se livre à une consommation considérable d'eau-de-vie qui l'abrutit; il n'y a à compter que sur la noblesse, la bourgeoisie et la race juive, plutôt mauvaise que bonne ; il est impossible d'ouvrir les dimanches et jeudis avant midi ; notons en passant que le public russe est blasé, car il a à peu près vu tous les genres d'attractions, mais il est très friand des marionnettes, et un théâtre de fantoches qui se risquerait à aller dans ce pays ferait rapidement fortune; les locations sont très chères, mais la vie, sauf le vin, est à bon marché.

M. MENGAL.

Les troisièmes pages de l'*Union mutuelle* et du *Voyageur forain* sont remplies par les annonces. Comme toujours, cette rubrique est particulièrement divertissante. Il va sans dire que je colle ici sans changer un mot des découpures prises presque au hasard.

OCCASION SANS PAREILLE

A VENDRE (pour cause d'affaires de famille) UN GRAND THÉATRE DE SINGES ET CHIENS SAVANTS et CIRQUE MINIATURE, composé D'UNE BARAQUE TOUTE NEUVE, DE 28 MÈTRES SUR 11 MÈTRES 40, CHAISES ET BANCS POUR 800 PERSONNES, garnis de tapis de bonne qualité, l'entourage intérieur en beau tapis, plafond bonne toile, théâtre en peinture à l'huile, richement fait ; à l'extérieur : jolie façade avec parade, ornée de tableaux, le tout a servi un an, bien tenu; en un mot, tout est neuf. — 5 VOITURES (ou sans voiture) : 1 voiture-caravane, 1 voiture pour singes et pour faire la cuisine, 1 fourgon portant 10,000 kilog., 1 chariot portant 15,000 kilog., 1 voiture pour éléphants, chevaux, chèvres, moutons, chiens et autres animaux. — 1 ÉLÉPHANT (travail hors ligne), montant sur vélocipède, il vaut 15,000 fr.; 6 PETITS CHEVAUX NAINS bien dressés; 4 MOUTONS (travail qui n'a pas encore paru); 15 SINGES et 12 CHIENS également bien dressés. — Tous ces animaux sont dressés et garantis, on apprend à l'acheteur à faire travailler les animaux au bout de 15 jours. — Le propriétaire de cet important établissement est engagé pour la saison d'hiver à Vienne (en Autriche). — *Orpheum*. Le tout se vend pour 40,000 fr.

Côté des industriels :

A VENDRE UN ÉTABLISSEMENT DE POMMES DE TERRE FRITES, entièrement neuf ; façade vitrée, 8 mètres ; profondeur, 6 mètres ; 8 loges, avec belle cuisinière belge à 4 foyers ; 4 marmites ; machine à découper; gaufriers; moules à beignets; pompe à bière, etc.; baraque toute en panneaux, avec planches, fourgon, caravane, et une autre caravane, long. 5 mètres, à deux places; conditions avantageuses, avec ou sans voitures. S'adresser au bureau du journal.

A VENDRE un Fonds de Confiserie fondé depuis 1848, avantageusement connu dans le voyage et ayant une très belle clientèle. Prix : 12,000 francs, dont 10,000 comptant et facilités pour le reste. Affaires : 35,000 francs par an. 156-3906

Articles pour dompteurs :

A VENDRE Lionne de l'Atlas, de très grande taille, âgée 4 ans, travaille bien et très douce; Lionne, même race, âgée de 20 mois, très douce, Léopard, Panthère, Ocelot, Ours blanc du Canada, de Russie et Malais, Singes africains de grande taille, Babouin, Papion cul-rouge, Religieux, Pélicans pour parades. — Prix modérés. 196-4370.

Enfin, dans la série des monstres :

A VENDRE POUR CAUSE DE SANTÉ, magnifique occasion, un superbe phénomène d'une beauté remarquable, élégant, propre, très doux, en pleine liberté, faisant l'admiration de tout le monde. La baraque également très élégante; le tout à céder dans de bonnes conditions. 87-3290.

UN PHÉNOMÈNE à vendre : VEAU ayant la tête d'un chien bouledogue, la queue et le fémur de l'ours, les 4 pieds du porc; cet être vivant est hermaphrodite et fait toutes ses ordures par le même orifice; âgé de 4 mois. 139-3652

La quatrième page est remplie des annonces des fabricants d'orgues à cylindre, de lampes à pétrole, de bâches, de carrousels, de chapiteaux de manèges et de baraques, de verreries et porcelaines, de parapluies chinois, de toiles imperméables, de ciels, de rideaux, de caparaçons, de musettes, de chevaux de bois, de sirènes, de chars, de biscuits, de gaufres, de sucre de pomme, de pâtes de guimauve, — tout ce qui fait du bruit, tout ce qui brille, tout ce qui scintille, tout ce qui bascule, tout ce qui tourne, tout ce qui se mange, tout ce qui éclate ! Et, comme toujours, la rédaction de ces annonces nous déride, nous autres qui ne parvenons point à prendre au sérieux ces industries où nous voyons de simples objets de divertissement.

AGOUST,
Régisseur du Nouveau Cirque.

La plupart de ces objets sont fabriqués hors de France, en Allemagne. La plus vieille fabrique de carrousels de chevaux de bois est située à Moblitz, dans la Saxe-Weimar, une autre dans la Thuringe. Il y a pourtant quelques industriels français dans la partie, et leurs produits, un peu plus chers que les produits allemands, sont appréciés des forains à cause de leur bon goût. Tel M. D..., de Vic-Bigorre (Hautes-Pyrénées), célèbre décorateur sur toile. Ce nota accompagne toutes ses annonces :

NOTA. — Enfant du voyage, M. D... est à même de connaître les besoins et le genre de peinture qu'il faut à chacun, et, à ce titre, il se recommande aux enfants de la banque. 2244

Tel encore un « spécialiste pour voitures de grands matériels, cabriolets pour dentistes, breaks de tour de ville, caravanes, etc. »

J'ai vu à la foire du Trône une de ces caravanes modèles, où il y avait une salle à manger, un salon, une chambre à coucher et une chambre de bonne. Par la fenêtre ouverte du salon s'envolait la ritournelle d'une valse de Métra. Je m'approchai et je vis que la musicienne était une charmante jeune fille, vêtue d'un peignoir de peluche, qui étudiait consciencieusement son piano.

Je veux vous laisser sur cette vision de bonne aisance bourgeoise. Je souhaite qu'elle corrige autant que cela est juste la très fausse opinion que vous vous êtes faite jusqu'à ce jour du peuple banquiste et de la vie foraine.

M. NAET SALSBURY.

CHAPITRE II

LA FOIRE

La mode qui règle nos plaisirs a décrété depuis quelques années qu'en prenant à chaque retour de Pâques le chemin de la foire du Trône, on faisait une petite débauche de bon ton. Les faubourgs et la banlieue ne vont plus s'amuser tout seuls au pied des deux colonnes, on n'y voit plus seulement les casquettes des élégants de Vincennes et les résilles du bataillon cythéréen de Montreuil-sous-Bois. La Foire au Pain d'épice a ses jours réservés, comme l'Opéra, comme la Comédie : les mardis et vendredis sont les soirs de grosses recettes. Vraiment, si vous allez traîner par là un de ces jours privilégiés, sur le coup de cinq heures, vous serez surpris de voir quelle belle file d'équipages monte le faubourg Saint-Antoine et le boulevard Voltaire. Pour trois fiacres où des étudiants font du tapage en compagnie de leurs petites camarades, vous compterez une voiture de maître à laquais et à livrée, au moins une remise de loueur, une victoria roulant des « marchandes de sourires » en grandes toilettes qui font avec des copurchics la partie annuelle de la foire.

Et ils sont curieux à voir, ces gens du monde, dans ce quartier populeux, qu'ils n'ont jamais aperçu que par la portière des voitures de deuil, en route pour le Père-Lachaise, ou par une nuit d'exécution capitale, à la lumière des guinguettes, dans une cruelle rumeur de fête. Aussi, au fond, ils ne sont qu'à demi rassurés. Ces joies trop bruyantes, ces cris, ces éclats de voix et de chansons, ce crépitement incessant des tirs de salon, ces explosions de fusées d'artifice, ces bousculades autour des tréteaux, d'où les bonisseurs haranguent la foule, les font rêver malgré eux de guerre civile et de barricades, leur soufflent dans les moelles ce frisson qui vous prend devant les cages de fauves, quand on songe que la grille pourrait bien s'ouvrir et le lion, les griffes étendues, se ruer sur les spectateurs... Mais elle-même, cette obscure, cette indéfinissable angoisse est douce; et certainement cette appréhension est la moitié du plaisir que beaucoup de jolies femmes éprouvent à se venir frotter dans la cohue aux coudoiements un peu rudes du peuple.

D'ailleurs, quand on a passé l'ombre du boulevard et du faubourg, et que l'on débarque sur la place, en pleine lumière, les cœurs un peu serrés se dilatent, on se met tout de suite à l'unisson de la gaieté régnante, on est venu pour s'amuser et l'on s'amuse. On va voir tous les monstres, toutes les belles Circassiennes, on consulte toutes les somnambules, on visite toutes les baraques, on fait la partie de montagnes russes et le traditionnel tour de chevaux de bois, avec intermèdes de pipes cassées, de marionnettes massacrées à force de boules, de coups de mailloche assénés sur les têtes de Turcs. Et l'on revient très tard, vers les boulevards, pour dîner, lentement

dégrisé de l'ivresse du rire par la fraîcheur de la nuit qui tombe, avec des roses en papier aux boutonnières, la voiture encombrée de ces pains d'épice de Reims, bonshommes, animaux symboliques, saints Remi mitrés et crossés qui semblent de naïfs bas-reliefs en vieux chêne arrachés à des stalles de chœur.

Je fais moi aussi, chaque année, mon tour de Foire au Pain d'épice, mais non point en badaud qui va où la bousculade le porte. Je visite le champ du Trône avec le meilleur des guides, un des plus brillants rédacteurs de ce *Voyageur forain* dont il était question tout à l'heure, M. Philippe, directeur du *Tir de la République*.

M. Philippe est un ancien marin ; il a gardé de son passage sur les navires de guerre la coupe militaire de la barbe et le béret qu'il portait quand il a été saluer le pôle nord dans les alentours de la mer de Behring. C'est un homme bien intelligent et comme il n'en pousse que sur le pavé de Paris, ce marin faubourien, armurier de son état, dont les hasards de l'existence et le goût de l'aventure ont fait en dernier avatar un forain journaliste.

Pour procéder avec ordre, cette excursion est toujours précédée d'une courte conférence, entre deux bocks, les coudes sur la table, dans laquelle on me rappelle qu'il faut sur toute chose distinguer le *forain* du *banquiste*, et dans la *banque,* la *grande banque* et la *petite*.

Le forain, c'est le marchand, le teneur de jeux. Forain, le pétrisseur de guimauves qui, au milieu d'un cercle de marmots ébaubis, enroule les anneaux serpentins de sa pâte à une barre mobile, chargée de sonnettes; forain, le marchand de beignets; forain, le riche commissionnaire des fabriques de Reims et de Dijon qui colporte à travers le monde les bonnes marques de pain d'épice. Forain, le célèbre M. Exaltier, le directeur de l'*American Gallery*, qui a renouvelé par des trucs de son invention l'intérêt des panoramas. Forain, l'habile M. Chable, l'homme qui a fabriqué les plus beaux *chevaux hygiéniques* qu'on ait vus jusqu'à ce jour, des bêtes en peuplier verni, grosses comme des juments de remonte et qui lui coûtent dans les deux cents francs la pièce.

— C'est plus cher que s'ils étaient vivants, répète volontiers M. Chable en caressant ses bidets, mais je me rattrape sur la nourriture.

De même que le maître de poste des chevaux hygiéniques, le directeur du *Palais de Cristal,* le plus luxueux carrousel de chevaux de bois que l'on ait monté au Trône et ailleurs, est un gros bonnet du monde forain. Il n'a pas moins de deux orgues sous sa tente, dont l'un lui a coûté cinq mille francs, l'autre douze mille. Son manège entraîne une dépense de quatre-vingts francs de frais quotidiens; il est vrai qu'un dimanche de beau soleil double la recette d'une façon fantastique. Le *Palais de Cristal,* addition faite de tous les trois sous des tournées, a encaissé bien des fois son billet de mille francs en un seul jour.

Tous les teneurs de jeux de billard, de « tournants parisiens », de loteries, sont encore des forains. Il y aurait un livre tout entier et des plus curieux à écrire sur la fraude des jeux tarés qui pullulent sur les champs de foire malgré l'exacte surveillance de la police. Je m'y mettrai un jour quand M. Carrabilliat, un des membres les plus intelligents et les plus considérés du syndicat, aura terminé mon éducation. Pour commencer, il m'a expliqué le fonctionnement de son jeu de courses, un divertissement qui, après avoir été « bridé » (lisez interdit), vient d'être « débridé » depuis qu'on a constaté l'impossibilité de « harnaquer » les petits chevaux et d'empêcher les branches qui les

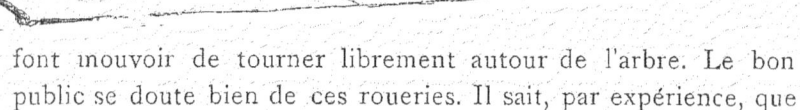

font mouvoir de tourner librement autour de l'arbre. Le bon public se doute bien de ces rouéries. Il sait, par expérience, que l'on ne gagne jamais le lapin du premier coup, et que, de mémoire d'homme, personne n'a jamais emporté la pendule et son globe. Cette certitude ne l'empêche point de donner ses deux sous au marchand de « tournants parisiens », et de poursuivre, avec le hasard pour associé, la possession d'un petit chandelier de verre. Vous voyez ici, aussi bien qu'à Monaco, le joueur qui s'acharne, qui se ruine ; — las ! que ne devient-il pas, le malheureux, si une galerie s'assemble autour de lui, suit et discute sa chance !

Moi qui connais tous les secrets du champ de foire, je dirai charitablement à cet imprudent dans le tuyau de l'oreille, qu'il y a toujours des compères, — en argot, des « comtes », — dans une galerie. Ces habiles gens rôdent surtout autour des tirs, des jeux de force ou d'adresse. C'est eux qui murmurent dans votre dos :

— Bien épaulé ! un peu trop bas ! quel dommage ! Il allait casser l'œuf. Reste, Arthur, le monsieur va peut-être faire encore une série.

Le monsieur est flatté, le monsieur sort sa pièce blanche de son gousset, et, d'un air innocent, le patron du tir lui verse ses douze capsules.

Le tir, la mailloche, les poids, tous exercices masculins. Les dames vont plus volontiers vers les chevaux de bois et les montagnes russes.

Vous savez combien ce dernier divertissement a été perfectionné pour la satisfaction des personnes qui, avec Hippocrate, croient à l'utilité des indigestions de printemps. Cela purge des humeurs peccantes. A ce point de vue hygiénique, les nouvelles montagnes russes font une sérieuse concurrence aux célèbres « pilules suisses ». Les personnes qui n'ont pas fait le tour du monde peuvent se procurer dans ces wagonnets les spasmes du mal de mer et toutes les variétés de vertige.

A ce double point de vue, l'ancien système de montagnes russes donnait déjà pleine satisfaction à nombre d'honnêtes gens. Il paraît que, par comparaison avec le nouveau modèle, celui « à l'instar de la rue Basse du Rempart » — ces balançoires étaient jeux de petits enfants. Des malheureux descendent de ce nouvel Oural retournés, à la façon du loup que le baron de Münchausen prit aux entrailles et mit à l'envers comme un gant. Où le progrès s'arrêtera-t-il?

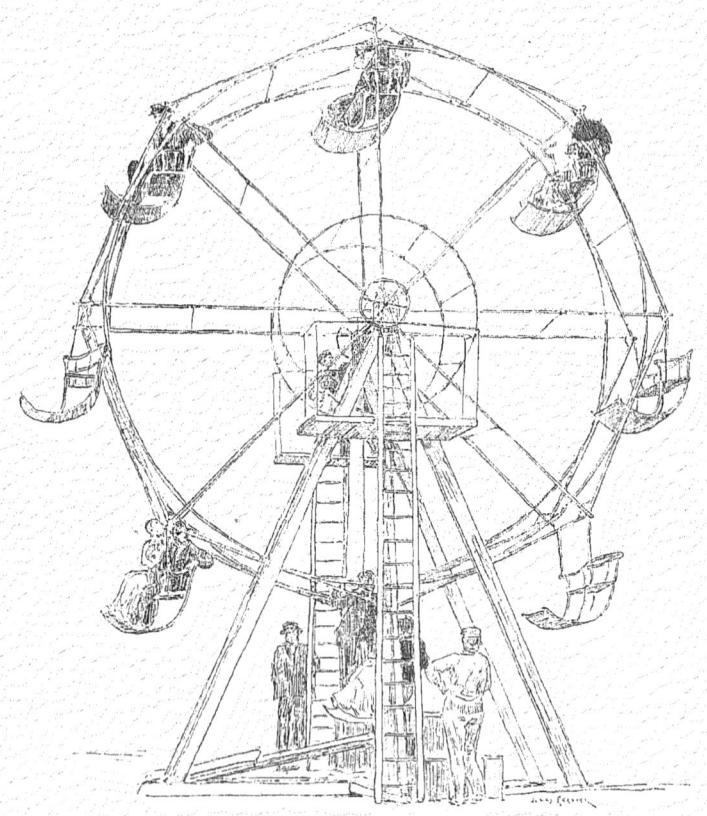

Il est bien inconsidéré, ce progrès, lorsqu'il prétend remplacer par des vélocipèdes ou par des animaux féroces les anciens chevaux de bois. Les inventeurs de ces machines nouvelles ne se sont donc jamais arrêtés un quart d'heure devant les vieux carrousels? Leurs yeux n'ont donc pas rencontré le regard de défi, le regard indompté dont vous heurtent au passage les employés de commerce, les petites modistes que la roue entraîne?

Ces gens-là sont dans un songe. Ils font, une minute durant, le rêve de la grande vie, des chevauchées par couple, à travers bois. Enivrés par le vertige circulaire qui, dans l'inclinaison des corps, les cloue à la housse de leurs montures, ils se sentent hommes de cheval accomplis, indésarçonnables amazones. Observez-les donc, faux hommes de progrès, qui ne faites point entrer les passions du cœur dans vos calculs et qui ne comprenez point la philosophie des chevaux de bois! Un peu d'attention vous épargnera la faillite qui guette vos manèges de vélocipèdes et de bêtes carnassières.

Mais tout cela, ce sont des divertissements tapageurs dont les raffinés s'éloignent. Vous souvient-il, ma chère âme, de cette promenade que nous fîmes, du côté de ces parades et de ces musiques, un beau mardi de Pâques, tout ensoleillé? Vous n'osiez point descendre de votre coupé, effrayée du mugissement de la foule, des éclats de pétards, des cris de femmes balancées. Vous aviez pourtant un désir que vous ne m'avez point avoué, craignant mes gronderies, un désir de gourmandise encanaillée, qui vous faisait battre les narines.

— Je suis sûr que vous voulez manger des pommes de terre frites! m'écriai-je à la fin triomphant.

Oh! de quel regard inoubliable vos yeux me récompensèrent pour ce caprice deviné!

Et, au mépris de votre cocher anglais, de votre valet de pied, tous deux si corrects sur leurs sièges, j'ai été vous les chercher, les belles pommes de terre brûlantes, saupoudrées de sel.

Et dans votre coupé de satin, du bout de vos gants mauves, une à une, vous les avez croquées à belles dents en pouffant de rire.

O temps, suspends ton vol !...

Cinq heures sonnaient; c'était dans le voisinage le dernier effort de la parade avant la soupe. Aussi les pitres ouvraient la bouche d'un demi-pied plus large qu'à l'ordinaire; les crécelles, les gongs, les mirlitons, les tambours, les porte-voix, les orgues de Barbarie, les sifflets des machines à vapeur mugissaient d'un dernier effort. Dans cette clameur, la foule, avec des remous de fleuve, montait l'avenue de Vincennes vers les deux colonnes dressées sur un fond d'incendie.

Entre elles deux, le disque du soleil brillait comme sur un reposoir. Et, au moment où tout d'un coup il disparaissait derrière la butte, un cri essoufflé, hoquetant, — qui vous jeta sur mon épaule, toute tremblante, — s'éleva dans l'air, couvrant toutes les clameurs des machines et des hommes : adieu du lion captif au soleil sombré!

C'est une capitale erreur de croire que toutes les foires se ressemblent. Chacune d'elles, assemblée avec les mêmes boutiques, emprunte un caractère si différent au cadre de l'installation et aux mœurs des visiteurs qu'un amateur, comme je suis, ferait volontiers le pari, transporté, bandeau sur les yeux, et brusquement déballé au milieu d'une fête de quartier, de reconnaître du premier coup d'œil quelle foire on célèbre. Cela rien qu'au dévisagement des promeneurs et à l'inspection des boutiques.

Voir, par exemple, la vieille foire versaillaise, la foire de Saint-

Louis qui, tous les ans, au cœur d'août, accroche à la porte des gares, entre les itinéraires de voyages circulaires et les affiches des plaisirs d'été, les programmes de ses divertissements : joutes sur l'eau, sonneries de trompes au fond des allées du parc, sanglot réveillé des jeux d'eau dans le bassin de Neptune, parades de grosses caisses, musiques de chevaux de bois, gaieté des petits tréteaux adossés au grand palais vide. Est-ce la largeur stratégique des voies où s'éparpille et se perd le bruit des musiques ? est-ce la crainte obscure qui hante encore toutes ces petites gens de troubler du charivari de leurs orchestres le sommeil du Roy ? Entre les barrières qui la parquent, cette agglomération de petites boutiques blanches a l'air d'un troupeau de moutons peureux, pelotonnés, et qui, par crainte du loup, n'osent pas trop secouer leurs clochettes.

Puis ce sont des boutiques de chapelets, de bénitiers, de crucifix qui rappellent l'origine pieuse de la foire.

Sans doute, vous retrouvez les mêmes visages de bonshommes que vous avez vus partout ailleurs, les mêmes « caravanes » dépeintes avec les petits rideaux d'andrinople aux fenêtres ; le même marchand de gaufres, moulant du même geste la même pâte dans la même pédale, — enfin, les mêmes horribles bibelots sans originalité, poupées aux yeux bleus, petits zouaves, couteaux à treize sous, cadres en fausse écaille, lapins jouant du tambour, mirlitons, trompettes d'étain. Sans qu'on puisse savoir quels ouvriers dénués d'imagination et d'amour-propre confectionnent depuis cent ans ces médiocres jouets, ces « articles forains » font le tour du monde. Vous les apercevez à Alger en débarquant. A la porte de l'Asie, à Constantinople, la boutique du camelot alterne avec les bazars de tapis turcs ; le navire qui vient d'apporter du Japon les délicieux bibelots dont nos maisons s'emplissent, tourne son beaupré et reprend la route de la mer avec des cargaisons de cadres en peluche et de lapins qui lui jouent du tambour dans les flancs.

Mais ce qui sent son Versailles d'une lieue, le prytanée de retraite des vieux lettrés et des vieux magistrats, c'est la présence d'un bouquiniste qui dresse là, tous les ans, son étal de livres. Les couvertures mordorées vous ont de loin des airs de pavés de pain d'épice. Des gens à besicles sont penchés là-dessus, le nez délicieusement chatouillé par l'odeur de moisissure.

Tous les ans aussi, une marchande à la toilette vend des faux cheveux à la livre. Suspendues comme des queues de cheval, côte à côte, ces pauvres toisons de ruisseau et d'hôpital ont un aspect tragique. On se demande avec inquiétude d'où viennent ces nattes sans reflet, et sur quelles têtes elles iront. Un jour, je suis resté là longtemps, attendant une cliente.

A la fin, une femme est venue.

Sans âge, en deuil, un cabas à la main, inclassable; pour sûr, une personne pas heureuse. D'abord, elle n'osait pas s'arrêter, puis elle a pris son courage :

— Combien ça ?

— Cinq francs.

Elle a hésité un instant.

— C'est trop blond pour moi. Vous voyez ce qu'il me faut ?

Et elle écartait son voile de son visage.

Elle a fini par s'en aller sans emplette. Il n'y avait rien d'assez gris pour elle.

La foire de Versailles, c'est une foire provinciale, une foire de grands-pères et de petits-enfants, de bonnes et de soldats.

Mais la vraie foire parisienne, la foire « chic », c'est l'assemblée de Neuilly.

Sur avril, quand l'avenue de Vincennes, le boulevard Voltaire et le faubourg Saint-Antoine se pavoisent de blanches rangées de boutiques, la bise d'hiver balaye encore le plateau du polygone, enfile les larges voies, pousse devant soi des troupeaux de nuages poussiéreux qui se ruent à travers la foire, gonflent les toiles des baraques en façon de voilures à la mer, s'abattent sur les étalages de pain d'épice, puis, dans de brusques sursauts, comme sous un coup de fouet, se relèvent, se cabrent en colonnes, et, à hauteur de premier étage, font claquer les drapeaux des loges et des carrousels.

Cela fait des frileuses soirées de promenade, les mains dans les poches, sans goût de se rafraîchir, entre des illuminations de lanternes vacillantes et de rampes à gaz flambant sous le courant d'air, trop inclinées et trop bleues. Aussi, après dîner, les élégantes qui, des terrasses des cafés des boulevards, hèlent les coupés de cercle, ne songent point, la portière fermée sur les toilettes encore sombres de leurs compagnes, à crier aux cochers :

— A la foire du Trône !

Il y a trop d'ombre frissonnante, trop de longueur de boulevards déserts entre l'excitation du dîner fini et cette fête de banlieue. On arriverait après la gaieté du champagne tombée. On s'en va vers les concerts et vers les cirques.

Neuilly, c'est la foire de nuit.

Elle ouvre en plein été, au cœur des chaleurs accablantes, quand le salon et le théâtre sont devenus insupportables aux Parisiennes, qui attendent août pour prendre le chemin de la mer, et qui vivent en peignoir, l'éventail à la main, entre des glaces et des citrons, derrière leurs persiennes closes.

Comme les passagères qui sous les tropiques guettent le coucher du soleil pour monter sur le pont, les élégantes, étendues sur leurs chaises en bambou, suivent d'un œil impatient l'aiguille trop lente à marquer cinq heures. Elles se lèvent alors, et, dans le demi-jour du cabinet de toilette, toutes fenêtres ouvertes, derrière les stores, elles font longuement des toilettes fraîches et parfumées. Il s'agit d'aller dîner à l'air, en robe claire, à la terrasse de quelque restaurant du Bois.

C'est le mois où mantelets et manteaux sont trop lourds, où la jeune femme peut sortir « en taille », avec un tout petit châle sur le bras et la parure de ces ombrelles, voyantes comme des fleurs, qui mettent les toilettes à l'effet et, traversées d'un rayon de soleil, noient les jeunes visages dans des demi-clartés mystérieuses.

Ce sont donc, vers six heures, aux portes des ministères, le long du quai d'Orsay, des files de légères voitures découvertes, où les jeunes femmes, venues pour attendre maris et amis, guettent la minute de la sortie, sans trop d'impatience, à cause des regards louangeurs des passants sur le trottoir.

Et quand ils ont enfin paru, les espérés, en chapeaux gris, en gilets blancs, en vestons courts, des fleurs aux boutonnières, par la grande avenue des Champs-Élysées, les couples renversés paresseusement dans les voitures s'en vont vers les restaurants d'été, les ombrages du Bois.

Entre tous, le pavillon d'Armenonville profite du voisinage de la foire. L'orchestre du tzigane Rigo, caché dans les jardins du pavillon, accroche au passage les promeneurs ; on s'approche, on se penche par-dessus la haie, on regarde s'il y a déjà du monde autour des petites tables.

— Tiens ! voilà un Tel, une Telle, Chose et Machin...

Des hommes politiques, des gens de lettres, des artistes, des financiers, des femmes du monde et du demi-monde, le Luxembourg, le Palais-Bourbon, le théâtre, les journaux, les salons et les boudoirs.

On s'assoit sous la véranda, pour voir arriver les voitures. Les nappes ont une blancheur aveuglante à cause du cirque feuillu d'arbres ; la glace fond dans des bols d'argent, et les frais concombres, coupés en tranches, semblent des feuilles aquatiques arrachées au petit étang sur qui les regards glissent, au-dessus des nénufars, entre les chevelures de saules.

Des heures passent ainsi, langoureuses, charmantes, dans ce

décor estival. La marche de Rakoczy, la gavotte Stéphanie donnent aux rêveries, vagues comme les contours de ce paysage, une couleur de vaillance et d'amour...

Et le charme dure jusqu'à ce que tout à coup, au fond du miroir de l'étang, des clartés apparaissent qui ne sont pas des scintillements d'étoiles. Ce sont les rouges reflets des lanternes de victorias qui s'allument.

La nuit est venue.

Il est temps de visiter la foire.

CHAPITRE III

LES ENTRESORTS

C'est par les entresorts que d'ordinaire on commence la promenade de la foire.

Qu'est-ce à dire, les *entresorts?*

Je laisse la parole à mon ami Philippe, l'ancien marin que je vous ai présenté tout à l'heure, présentement directeur du *Tir de la République*, conseiller municipal et secrétaire de la rédaction du *Voyageur forain*.

— Dans l'argot de la petite banque nous appelons « entresort » la baraque où le spectacle est permanent, sans commencement ni fin, l'établissement où *le public ne fait qu'entrer et sortir*. Entresorts, les musées de cire; entresorts, les exhibitions de nains, de monstres, de puces savantes, de femmes tatouées. Pour les logettes où s'abritent les attrape-niais, les somnambules, les tours de physique, les grosses femmes et les jolies filles, ce sont encore des entresorts, si vous voulez, mais on les désigne plus volontiers sous le nom de « fosses mystérieuses ». Je n'ai pas besoin de vous dire pourquoi.

Entresorts et fosses mystérieuses, ce genre de « récréations » pullule sur tous les champs de foire. Ce sont des spectacles à bas prix, dont la foule est fort avide. Tandis que la grande banque a  modifié tous ses trucs, qu'elle rêve pour ses théâtres les perfectionnements illimités, l'entresort n'a point changé depuis l'origine des temps sa construction ni son spectacle. C'est toujours la baraque en toile, les bancs de bois, l'éclairage à quatre quinquets, le spectacle un peu effrayant : des scènes d'inquisition, des exécutions capitales, des têtes d'assassins, des exhibitions monstrueuses de moutons à cinq pattes, d'artistes-troncs, de têtes de veau, de géants et de nains.

Il ne faut pas s'étonner que beaucoup de gens soient plus épris de l'anormal que du beau. Étant donnée cette curiosité, le nain est plus surprenant que le géant ; l'homme est, en effet, une machine si compliquée, qu'on éprouve à regarder des créatures microscopiques qui gesticulent, qui parlent comme nous, quelque chose de l'étonnement qu'on aurait à voir marquer les secondes par une montre merveilleuse, seulement visible à la loupe. C'est pourquoi l'entresort du nain est traditionnellement une des loges les plus fréquentées de la foire.

Chacun sait qu'il existe deux catégories de nains : les *noués* et les *nains* véritables. Les noués sont des enfants dont la croissance, un temps régulière, s'est subitement arrêtée. Chez eux, les membres qui ne s'allongent plus demeurent susceptibles de grossissement.

La tête devient presque toujours énorme. M. François, du cirque Franconi, — le partenaire du clown Billy-Hayden, le petit porteur de chambrières, — est le type de cette première catégorie d'êtres disgraciés.

Ces *noués* sont des êtres physiquement difformes, mais, pour tout le reste, semblables aux autres hommes. Ainsi, François est un garçon fort intelligent. Je me souviens toujours de notre première causerie, dans la loge d'Erminia Chelli, il y a trois ans, au Cirque d'été.

— Quel âge avez-vous, monsieur François?

— Vingt ans.

— Je suis plus vieux que vous, monsieur François, et pourtant, vous voyez, je ne suis pas célèbre !

M. François a secoué la tête, et pour me consoler, — tout le monde ne peut pas être nain, n'est-ce pas ? — il m'a répondu avec gravité :

— Ne vous plaignez pas, monsieur, vous êtes remarquable par votre instruction.

Depuis, M. François m'a mis au courant de son existence. Il demeure à la Villette, avec sa mère, qu'il fait vivre. Le soir, comme la route est trop longue pour ses petites jambes, il prend le dernier omnibus. On le charge même quand la voiture est complète.

— Je prends si peu de place, monsieur!

M. François est un vaillant garçon; tous ceux qui lui ont vu conduire, en bottes molles, sa poste de six chevaux, savent que c'est un écuyer hors ligne. Il est à remarquer, d'ailleurs, que les *noués*, pour exiguë que soit leur taille, possèdent toute l'intelligence et parfois toute la force des hommes normaux. C'est ainsi que l'Allemagne a eu en 1802 un peintre de talent, Jacob Lehnen, dont la stature atteignait bien juste trois pieds dix pouces, et j'ai lu dans un journal anglais, à la date du 18 août 1740, le *Daily Advertiser*, une réclame annonçant la présence à la taverne londonienne du *Grand verre* d'un nain persan, dit le *Second Samson*, haut de trois pieds huit pouces, qui portait deux hommes vigoureux à bras tendus et dansait entre les tables avec son double fardeau.

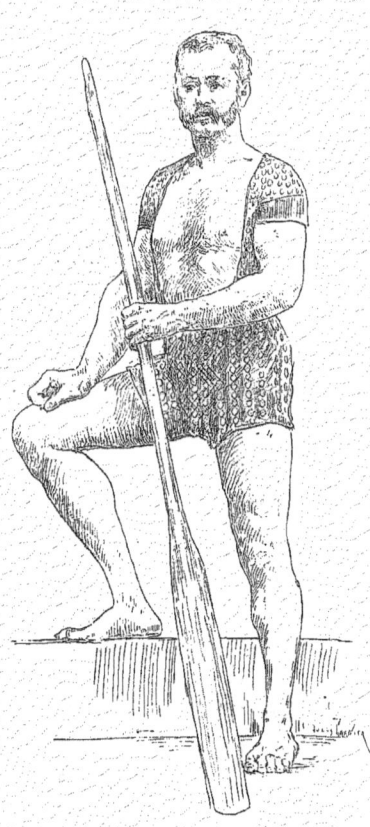

Ces difformes ne sont pas du tout atteints de la décrépitude qui empêche leurs camarades de dépasser la vingtième ou la vingt-cinquième année. Il y a dans les histoires des exemples de *noués* centenaires.

En 1819, au théâtre Comte, on exhibait une nouée de soixante-treize ans, Thérèse Souvary, qui, au dire des affiches, avait été dans sa jeunesse fiancée à Bébé, le nain du bon roi Stanislas. Et si ces affiches-là mentaient, on trouverait ailleurs un grand nombre de mariages de nains d'où sont sorties de fortes lignées. M. Édouard Garnier, dans sa curieuse étude sur les *noués* au point de vue pathologique, cite l'exemple du peintre nain Gibson, qui, ayant épousé une femme aussi petite que lui-même, engendra neuf enfants, dont cinq, de taille ordinaire, arrivèrent à l'âge d'homme. Deux autres nains, mariés à Londres, Robert et Judith Kinner, eurent quatorze enfants, tous bien faits et de bonne santé. Enfin, on a pu lire, en 1883, dans les journaux de l'Ouest, la mort, aux Sables d'Olonne, d'une naine longtemps exhibée dans les foires sous le nom de la *Petite Nine*. Cet avorton, dont la taille ne dépassait pas quatre-vingts centimètres, avait eu plusieurs enfants d'un sieur Callias, son mari. Elle avait subi sans en mourir l'opération césarienne. Et elle était parvenue à la vieillesse malgré des habitudes de scandaleuse ivrognerie.

Quelle que soit l'intelligence des « noués », je comprends qu'on  ne se passionne pas pour eux; mais il en va autrement des « nains » véritables, c'est-à-dire de ceux qui, remarquables par leur extrême petitesse, conservent cependant, dans l'exiguïté de leur taille, la beauté esthétique des proportions.

Toute l'Europe a vu dans ses cirques ou dans ses foires un couple de ces nains élégants, le général Mite et miss Millie Edwards, que Barnum a lancés à travers le monde sous le nom de *Midgetts américains*.

S'il faut en croire le manager qui fait cortège aux époux Midgett, tous deux sont citoyens américains. Leurs familles respectives ayant fait tambouriner par voie d'annonce qu'on demandait un mari de six pouces pour une jeune fille de cinq, ils se sont tendu la main à travers le vaste monde, et les deux nains ont été mariés à Manchester.

Les Midgett sont fort bien dans leurs affaires. Ils sont engagés à raison d'un nombre respectable  de billets de mille francs par mois, et ils pourront doter largement leurs enfants si le ciel leur en envoie. Ils dépensent d'ailleurs bien peu de chose pour leur costume et pour leur nourriture. Le général dîne de la moitié d'un biscuit et de quelques larmes de vin mesurées au compte-gouttes. Il est extraordinairement jaloux de sa femme, et, comme je me présentais à la portière de la voiture, pour aider la générale à descendre, M. Mite m'a dit assez vertement en anglais qu'il y avait un écuyer préposé à ce service.

Il paraît que le général est non seulement jaloux, mais volage; il a eu de brillants succès en Angleterre. J'ai essayé de le faire causer là-dessus, il a gardé le mutisme d'un galant homme, et son

impresario actuel, qui l'a mis bien des fois sur ce sujet sentimental, m'a dit qu'il n'avait pas été plus heureux que moi.

Le général Mite chante à merveille la chanson du tambour-major, le général Mite conduit un tricycle *sociable* comme un vélocipédiste de profession, le général Mite valse. Le général est très vif, très gai; il mime à ravir et joue avec un véritable talent plusieurs rôles, entre autres une scène d'ivresse de gin et une promenade de dandy new-yorkais.

Mais ni lui ni sa compagne n'ont la grâce de la princesse Paulina. J'ai vu cette petite merveille de près. Je lui ai pris la main. Elle est, comme tout le reste de sa personne, d'un modelé infiniment délicat. On dirait une statuette en cire, une petite danseuse de Tanagra, fraîchement exhumée, avec encore un peu de carmin sur ses joues et d'or à sa tunique.

On pourrait appliquer à la princesse Paulina tous les éloges que Loret, en 1653, dans sa *Gazette*, adressa à la « petite naine de Mademoiselle », à qui le vent d'une porte trop violemment fermée avait donné le mal de poitrine :

> Jamais près de Roy ny de Prince
> On ne vid de naine si mince.
> Quand une puce la mordait
> Et qu'icelle se défendait,
> La puce, pour finir la guerre,
> La mettait aizément par terre,
> Et la moindre haleine du vent
> La faizait tomber bien souvent.
> Enfin, elle était si petite
> (Quoiqu'aucunement favorite),
> Que, dans un petit balancier
> De cuivre, d'airain ou d'acier,
> Étant par plaizir un jour mise,
> Avec robe, jupe et chemize
> Et de plus sa coiffure encor,
> Tout ne pezait qu'un louis d'or.

« La princesse Paulina, dit le boniment débité au public, a onze ans; elle est d'origine hollandaise. Elle mesure quarante centimètres de haut; elle pèse dix livres, elle est présentée par son frère, présent. »

Et le robuste gaillard enlève la petite poupée comme une once : il étend le bras, et, autour de cette barre fixe, de la meilleure bonne volonté du monde, la princesse fait quelques acrobaties.

Elle est très fière de ce petit talent de société. Quand je lui ai été présenté dans la coulisse, elle a demandé avec beaucoup de grâce :

— Faut-il faire pour monsieur un équilibre sur les mains?

Et, prestement, elle s'est dressée la tête en bas, les pieds en l'air, comme un clown. Avec sa petite robe de mousseline et de satin corail, bouffant ainsi tout autour d'elle, la princesse Paulina n'était pas plus grosse qu'un bouquet de roses enveloppé dans du papier blanc.

Je lui ai adressé toutes les questions que l'étiquette veut que l'on pose à une naine.

— Princesse Paulina, avez-vous une poupée ?

— Grande comme cela, monsieur.

Elle élevait sa main au-dessus de sa tête, et cela n'indiquait guère que la taille moyenne des « Bébés-Hurel ».

— Princesse Paulina, qu'avez-vous mangé pour votre dîner ?

— Six huîtres et un blanc de poulet.

— Princesse Paulina, parlez-vous l'anglais ?

— *Wery well.*

— Princesse Paulina, parlez-vous l'allemand ?

— *Sehr gut.*

— Princesse Paulina, voulez-vous m'embrasser ?

— Embrasser un monsieur ! s'est écriée la petite péri tout effarouchée.

Et de l'œil elle a consulté son grand frère.

Le grand frère a fait oui de la tête ; et la princesse Paulina s'est exécutée ; c'est pourquoi je puis déclarer aujourd'hui à ceux qui l'ignorent que, comme les bébés qui viennent de naître, une petite naine, ça sent la souris grise.

Il ne faudrait pas que les âmes sensibles s'apitoyassent outre mesure sur le compte de ces êtres délicats. La vanité habite le cœur des nains aussi bien que celui des hommes, et toutes les princesses

Paulina du monde sont heureuses d'être exhibées. D'ailleurs, les parents de ces oiselets aux œufs d'or ont trop d'intérêt à prolonger leur vie pour les maltraiter jamais. Ceux qu'il faut plaindre, ce sont les pauvrets que l'on vend une fois pour toutes à un exploiteur. Un de ces nains-là a eu, il y a quelques années, une fin tragique.

Il s'appelait Joseph. A dix-sept ans, il ne mesurait que soixante-deux centimètres de hauteur. Et avec cela une pauvre figure douloureuse, grotesque par le nez démesuré, comme les pieds et les mains.

Ses parents, cultivateurs à Saintes, l'avaient, en 1882, vendu à un saltimbanque qui imagina, pour « corser » son spectacle, de changer ce bout d'homme en dompteur.

On peignit donc patiemment, en couleur de tigres, six maîtres chats que l'on zébra de raies fauves et noires. On enferma ces bêtes dans une cage avec le nain, et l'on obligea le pauvre Joseph, mourant de peur, à faire manœuvrer ces matous à la cravache.

Ces exercices duraient depuis quelque temps, lorsque, le 12 juillet 1882, à la foire de Beaupré-sur-Saône, on vit tout à coup un des chats s'élancer à la gorge du nain et le renverser sous son poids.

En une seconde, tous les autres tigres se précipitèrent sur Joseph, et avant que l'on pût intervenir, le dompteur, étranglé, les yeux crevés, la figure ensanglantée, était mort.

Le saltimbanque prit la fuite ; quelques jours après, il fut arrêté à Lille.

Je causais dernièrement de cette tragique aventure avec M. François, et mon ami, qui était en train d'enfiler ses bottes pour monter à cheval, s'arrêta de tirer sur les tiges pour laisser tomber cette phrase mélancolique :

— Il est sûr que nous étions plus heureux sous l'ancien régime. Quand on s'est bien rassasié d'anormal et de monstrueux, le désir revient des spectacles qui mettent à l'effet l'harmonieuse beauté humaine.

Il faut constater qu'il y a de ce côté progrès dans le goût du public. Le culte enfantin, le culte oriental que la foule professait pour les femmes nourrices, les grosses volailles de cent cinquante kilos, décline si fort, que la « colosse » a presque disparu du champ de foire. Et ce sont vraiment de jolies filles que l'on exhibe aujourd'hui dans les « fosses mystérieuses ».

Le succès de la « belle Fathma » a précipité cette révolution. Il n'y a plus de fête un peu importante sans contrefaçon de la « belle Fathma ». Dans le nombre des imitations heureuses, j'ai noté l'exhibition du « *Pavillon marocain* ».

— Venez voir, messieurs, mesdames, crie le bonisseur à pleine voix, venez voir la danse du ventre, telle qu'on la danse au Bardo, devant le bey de Tunis. Suivez le monde !

On entre. La baraque est propre, gentiment décorée ; au fond, assises sur un divan, trois femmes vaguement orientales chantent une mélopée suffisamment rauque en frappant sur les traditionnels tambours de bambou, qui ont l'air de pots à beurre. Elles s'appellent, si l'on veut, Aïcha, Dora et Hardiendja. Mais il y a une Fathma dans la maison. C'est une négresse d'une vingtaine d'années, bien dans son type : le nez est presque aussi large à la base que les lèvres lippues ; Fathma choque par là tous nos goûts de proportions classiques ; pourtant, j'ai compris pour la première fois, en regardant cette grande fille, ce que les voyageurs veulent dire quand ils parlent de la beauté et de la grâce souveraine des négresses. Il y a malgré tout une harmonie savoureuse dans ce visage brun éclairé d'yeux chastes et fous. Et quand Fathma danse devant le nègre Bouillabaisse, premier comique du roi de Zanzibar, son tremblement de genoux, sa houle de hanches, ses poses languissantes, sa résignation gracieuse troublent, éveillent chez les hommes ce désir toujours dormant de la femme esclave, la douce bête tendre qui n'aurait pas d'âme...

Une autre fosse mystérieuse qui mérite qu'on la visite est le « Manoir de la Métamorphose », direction Stenegry, à l'enseigne du *Secret des Dieux*.

La véritable attraction de cet établissement, c'est mademoiselle Stenegry elle-même, une Romaniche, d'une beauté tout à fait rare et, sous ses sequins d'or et son bandeau d'Égypte, la plus parfaite Esmeralda dont vous ayez rêvé à seize ans. Dans l'intérieur, on voit une autre demoiselle également belle, mais celle-là blonde, mademoiselle Lutèce. Elle tient l'emploi de Galatée, « qui de marbre devient chair sous les baisers brûlants de Pygmalion ».

On ne voit pas Pygmalion, mais, dans une chambre noire, par l'artifice de quelque glace inclinée, la belle tête de mademoiselle Lutèce se change en tête de mort sous les yeux des spectateurs. Puis, de ce jeune crâne, poli comme l'ivoire, jaillit un buisson de roses. Ce contraste, éminemment philosophique, inspire à M. Stenegry le père d'étonnantes variations. Je recommande aux collectionneurs de cocasseries son « Programme des apparitions visibles et mystérieuses ».

« Tout pâlit..., dit-il, tout se fond..., tout se confond. Venez voir le chef-d'œuvre de mes recherches sur la métempsycose, qui subira ses révélations et ses révolutions devant les spectateurs, qui, eux, deviendront admirateurs. »

Mais à cette heure, le plus esthétique des spectacles forains, c'est la série de tableaux vivants présentés au public par M. Melchior Bonnefois.

M. Bonnefois est un artiste et un lettré. Il publiait l'an dernier dans l'*Union mutuelle* un feuilleton très pathétique : *Les drames de la vie foraine;* et j'ai lu de sa façon, dans de petites revues du Midi, des vers païens fort lestement tournés.

Cet homme de goût a groupé une petite troupe de modèles, garçons et filles, sachant bien leur métier et agréables à voir. Il y a là Suzanne Bertini, le modèle de l'atelier de J. P. Laurens; Arabelle, le modèle de l'atelier Bouguereau ; Jeanne Laurence, le modèle de l'atelier Baudry; Antonio Vega, de l'Académie de Madrid ; Rose Linon, un des modèles favoris de l'atelier Gervex; Berthe Biéville, Serge Woronzof, de l'Académie de Moscou; enfin et surtout l'étoile de la troupe, la belle Mireille, de l'Académie de Marseille. Coiffée d'un casque de cheveux noirs presque bleus, cette petite Phocéenne a le profil de Pallas Athéné ; elle en a aussi la froideur olympienne, le silence d'expression, la gravité divine.

Peut-être, — puisqu'il s'agit de perfection, — les bras sont-ils un peu grêles, comme le buste ; mais la divinité de Mireille reparaît dans les jambes, de la hanche aux pieds. Une dame, d'une compétence très raffinée en matière de toilette, dans la société de qui j'avais la bonne fortune d'assister à ce spectacle artistique, m'a fait sur l'accoutrement de mademoiselle Mireille une observation que je transmets fidèlement à cette jolie personne et à ses directeurs, — directeur de conscience et l'autre.

C'est une erreur de costumier qui détruit ainsi la belle proportion de la taille de mademoiselle Mireille à l'avantage exclusif des jambes. Sur le fond du maillot saumon, on a drapé, du haut en bas de la hanche, une écharpe à peu près de la largeur d'un caleçon de bain, si maladroitement bouillonnante, qu'elle rompt, au profit de sa blancheur agaçante, les proportions du corps, et, par sa vague ressemblance avec les crevés d'un mignon, transforme un nu en travesti ! Au-dessus de ce pantalon de page, l'œil s'attend à trouver des épaules d'homme, et c'est parce qu'elles manquent, que le buste de mademoiselle Mireille semble trop grêle.

Quel remède apporter à cette grave erreur qui gâte notre plaisir ? Il y a une difficulté à tourner, je le sais ; mais elle a été souvent résolue avec plus d'habileté, — par exemple par les artistes qui, un jour, costumèrent madame Théo en Ève avant le péché, à la grande émotion des derniers fidèles de la beauté plastique et pourtant sans scandale pour les schismatiques contempteurs de la chair. J'enverrai la photographie de madame Théo à M. Bonnefois.

Ceci est un bien triste exemple de notre décadence corporelle :

nous ne rencontrons plus nulle part la beauté faisant ménage avec la force ; ces deux vertus, jadis confondues comme des métaux dans un alliage, sont aujourd'hui divorcées. M. Bonnefois et M. Marseille règnent chacun sur une de ces deux provinces jadis unies. Chez M. Bonnefois, on cultive la beauté sans la force; chez M. Marseille, la force s'étale sans beauté.

Je ne puis me défendre de ces pénibles réflexions, chaque fois que je viens m'asseoir sur les banquettes de velours du célèbre patron des athlètes forains, pour assister au spectacle d'une lutte à main plate.

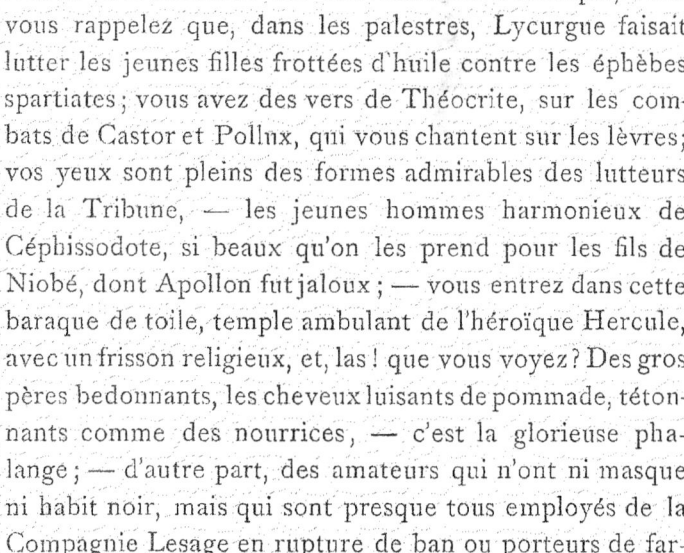

Vous avez la tête meublée des souvenirs de Plutarque, vous vous rappelez que, dans les palestres, Lycurgue faisait lutter les jeunes filles frottées d'huile contre les éphèbes spartiates ; vous avez des vers de Théocrite, sur les combats de Castor et Pollux, qui vous chantent sur les lèvres ; vos yeux sont pleins des formes admirables des lutteurs de la Tribune, — les jeunes hommes harmonieux de Céphissodote, si beaux qu'on les prend pour les fils de Niobé, dont Apollon fut jaloux ; — vous entrez dans cette baraque de toile, temple ambulant de l'héroïque Hercule, avec un frisson religieux, et, las ! que vous voyez ? Des gros pères bedonnants, les cheveux luisants de pommade, tétonnants comme des nourrices, — c'est la glorieuse phalange ; — d'autre part, des amateurs qui n'ont ni masque ni habit noir, mais qui sont presque tous employés de la Compagnie Lesage en rupture de ban ou porteurs de fardeaux à la Halle. Aucune aristocratie de forme, aucune finesse d'attaches. Des dieux, ces Vitellius bouffis ? Ça, mes garçons, retournez à vos crochets et à vos pompes.

J'ai pourtant dans mes souvenirs une histoire tragique de lutteurs.

C'était, il y a une quinzaine d'années, à la foire des Loges. Nous étions entrés dans la baraque pour assister à un combat de bâton entre un prévôt d'armes de Saint-Germain et le patron de l'établissement. Le militaire et le saltimbanque se connaissaient, ils avaient l'air de se détester, ils s'étaient longtemps chamaillés, ils semblaient moins entamer une joute que vider une querelle; aussi, beaucoup de foule était entrée derrière le soldat dans la baraque.

Le saltimbanque fut rossé à plate couture. Il écumait, roulait des yeux terribles, tandis que le maître d'armes, en se dandinant, faisait siffler sa badine au-dessus de sa tête.

Quand on eut fini d'applaudir, le lutteur demanda :

— Ma revanche! Prends un caleçon!

Mais la femme intervint, une grande fille noire, une bohémienne qui avait jonglé devant nous avec des poids et des couteaux.

— Ne vous battez pas! criait-elle au soldat d'une voix pleine d'angoisse. Il est furieux, il vous fera mal!

Alors le saltimbanque ricana :

— Madame a peur que je te casse! Es-tu un homme?

Le soldat était devenu tout blanc. C'était un grand gars, très leste, mais qui ne semblait pas vigoureux. Pourtant, il déboutonna lentement sa veste, qu'il avait renfilée, et ramassa le caleçon.

L'autre l'attendait, les bras croisés, le sourire sur les lèvres.

Ils s'empoignèrent, et ce ne fut pas long. Tout de suite le soldat roula dessous; le saltimbanque lui mit le genou sur la nuque, lui prit la tête à deux mains et la tourna. Nous entendîmes un craquement, le soldat poussa un cri horrible. Comme on fait à un lapin, le lutteur lui avait cassé la colonne vertébrale.

Je ne voulus pas en voir davantage et je sortis en hâte, pendant que la foule se jetait sur le saltimbanque. Seulement, le soir, un hasard de promenade me ramena devant la baraque.

Au milieu de la joie, des chansons, des repas en plein vent, des illuminations et du bruit des parades, toute seule la baraque des lutteurs, muette, éteinte, faisait une tache obscure. Une forme indistincte était accroupie sur les marches de bois. Je m'approchai pour voir. C'était la bohémienne, la jongleuse de poids. Elle sanglotait, la tête ensevelie dans son tablier, pleurant sur le prisonnier ou sur le mort.

CHAPITRE IV

LA BARAQUE

Bien qu'on ait pris l'habitude d'appeler secret de Polichinelle un secret mal gardé, il est certain que le théâtre des marionnettes et la danse des pantins sont, à leur façon, des spectacles tout à fait mystérieux.

Fort peu de gens ont pénétré dans les coulisses de ces théâtres, beaucoup mieux défendues que celles de l'Opéra, et je n'ai pas une médiocre fierté d'avoir, un jour, à la foire de Versailles, été admis derrière la toile du théâtre Bermont, pendant la représentation d'un grand drame en un acte : *Les Brigands espagnols*.

J'avais été accroché par une parade fort brillante de Polichinelle « détaillant les récréations que l'on verrait à l'intérieur ».

— C'est, mesdames et messieurs, bredouillait-il, sa pratique entre les dents, c'est ici le véritable spectacle de la société et des familles. Tout est réuni, tout est groupé pour le plaisir des yeux : revue des grands artistes de Paris, danses de caractère, jeux icariens en honneur chez les Romains et les Grecs, boléro espagnol, promenade d'Arlequin en vélocipède, et, pour finir, le grrrand drame inédit représenté pour la première fois en cette ville, *les Brigands!*

Nous étions entrés une centaine de mioches, de grand'mères et de nourrices, les yeux d'avance écarquillés.

Un petit musicien italien, les dents blanches d'avoir croqué du pain dur, composait tout l'orchestre. Il jouait de la harpe sur le premier banc.

Son air fini, on frappa trois coups.

Le spectacle commençait.

Ce fut d'abord une entrée de deux Palikares qui dansaient un pas militaire en frappant la mesure avec leurs talons. Puis, un couple de danseurs espagnols exécutèrent des jetés battus et des ailes de pigeon. Puis parut l'Homme-Caoutchouc, qui s'allonge, s'allonge, finit par approcher de son nez le fond de ses culottes et éternue, ce qui fait pâmer d'aise l'assistance. Il est chassé par un avocat en robe noire qui se dédouble, devient triple, quadruple, — symbole naïf de la rouerie des gens de loi, — joue aux quatre coins avec ses doublures, et s'envole brusquement dans les frises.

Le rideau tombe.

De tous les bancs, avec angoisse, on crie :

— Est-ce que c'est fini?

Non, c'est la seconde partie qui commence.

Pan ! pan ! pan !

La toile se lève sur une autre toile qui représente une forêt. Un chef, deux brigands, trois acolytes. C'est une bande.

LE CAPITAINE. — Mes amis, j'ai appris par l'ancien postillon qu'une chaise de poste devait passer par ce chemin creux. Arrêtez-la.

LA BANDE. — Oui, capitaine.

LE CAPITAINE. — Toi, Pedro, tu garderas ce défilé. Nous, mes amis, courons aux montagnes.

(*La bande disparaît côté cour. Pedro reste seul un instant. Un moine entre côté jardin.*)

PEDRO. — Halte-là ; la bourse ou la vie !

LE MOINE. — Mais, mon frère, je suis aussi pauvre que toi. Les capucins n'ont pas le sou.

PEDRO. — Et ces vingt-cinq louis d'or que je vois dans cette bourse? Et cette montre à répétition que je vois sur ton cœur?

(*Pedro fait mine de détrousser le moine. Le capucin tombe à genoux.*)

LE MOINE. — Grâce ! Si je rentre sans cet argent, le supérieur me fera enfermer dans un cul de basse-fosse.

PEDRO. — Ça m'est égal !

LE MOINE. — Tire-moi au moins un coup de feu sans me blesser, dans les plis de ma robe, que je puisse dire que j'ai été attaqué.

PEDRO. — Soit ! Pan !

LE MOINE, *sautant sur Pedro et le frappant d'un coup de poignard.* — Imbécile! Tu m'as manqué, je ne te manquerai pas !

(*Il disparaît côté cour; le capitaine et sa bande rentrent côté jardin.*

On s'arrête devant le corps gisant de Pedro.)

Un brigand. — Il dort, le lâche !

Le capitaine. — Non, il baigne dedans son sang. Le moine l'a tué. Allons piller le monastère.

Le rideau tombe, définitivement cette fois.

J'ai passé dans la coulisse pour demander à l'impresario Bermont quel était l'auteur de ce beau drame historique.

Il m'a répondu modestement :

— C'est moi. J'ai un livre de pièces. J'écris ça le soir, quand ça vient, des souvenirs, des idées, quoi ! Nous jouons comme ça la *Passion*, la *Tentation de saint Antoine*, l'*Enfer*, *Geneviève de Brabant*. C'est bien vieux, ça n'a jamais été imprimé. On se repasse ça. Je joue aussi *Camille au souterrain, ou la Forêt périlleuse*. Pour celle-là, une fois, le droit d'auteur a trouvé moyen de venir, mais ils n'ont pas reconnu la pièce, j'avais tout changé.

Et tandis qu'il parlait, sa femme se tenait près de lui, appuyée à son épaule, tendrement fière d'être la compagne d'un homme qui avait tant d'imagination.

Si vous avez jamais l'occasion d'ouvrir les gros livres des frères Parfaict, de Des Boulmiers, de Monnet et de quelques autres qui ont scientifiquement disserté sur les origines du théâtre de la foire, vous verrez qu'il a toujours eu à lutter contre cet ennemi héréditaire, que l'impresario Bermont appelle aujourd'hui le « droit d'auteur », et qui, selon les temps, a porté des noms divers.

A l'époque où le théâtre de la foire commence à faire parler de soi, c'est-à-dire vers 1595, on aurait pu justement le nommer le « droit des comédiens ». Les compères de la Passion et les acteurs de l'hôtel de Bourgogne ne voulaient pas souffrir à côté d'eux l'accroissement de la comédie foraine, et comme ils tenaient le bon bout, ils obtinrent aisément qu'on la réduisît aux acteurs de bois, aux marionnettes de Brioché, aux animaux savants, aux acrobaties et aux tours de gobelet.

Mais la gent banquiste est tenace, et vers 1678, à la barbe des comédiens, le théâtre de la foire commença de monter quelques farces au sel gris, avec des acteurs de chair et d'os. Quand le lieutenant de police faisait grosse voix, on feignait de rentrer dans les édits; on recourait à quelque ingénieuse désobéissance qui provoquait le rire et donnait tort aux comédiens, — tel, par exemple, l'artifice de La Grille, qui ouvrit, en pleine foire Saint-Germain, un *Opéra de Bamboche,* dont l'unique acteur était une grande marionnette qui gesticulait sur les modulations d'un musicien caché dans le trou du souffleur.

Et pendant ce temps-là, les compagnies d'Allard, de Maurice et Bertrand, de Selle, de Dominique et d'Octave continuaient de faire les beaux jours de Paris et de la province. Les tours de passe-passe et les exercices d'agilité formaient toujours le fond du spectacle ; mais on y adjoignait des scènes dialoguées, ces *comédies de chansons,* d'où est sorti notre opéra-comique.

Le théâtre forain a gardé ce triple caractère acrobatique, musical et charlatanesque dont il apparaît revêtu dès les premiers jours de son existence ; mais comme le siècle, en son raffinement, prise la distinction des genres, la grande banque a versé dans les spécialités.

Il y a trois catégories de baraques :

Les théâtres de chant,

Les théâtres à grand spectacle,

Les théâtres de physique amusante.

Les théâtres d'opérette sont les moins curieux de tous. Il ne s'y produit plus depuis longtemps d'œuvres originales, non point même de chansons. A cette heure, c'est du café-concert que s'envole la ritournelle qui fait le tour de France. L'opéra forain vit de contrefaçons et de grossiers démarquages. Tout son art ne va qu'à faire impunément la nique au susdit « droit d'auteur ». Il y réussit suffisamment en affichant les

CLOCHES DE GORNEVILLE

par un grand G. A cette substitution de majuscule se borne son invention.

Aussi bien les sujets qui montent sur les tréteaux forains pour chanter le « trial d'opérette » sont-ils le rebut des cafés-concerts. Ils ne peuvent s'imposer qu'à des auditeurs tout à fait novices. C'est pourquoi vous ne verrez plus guère l'opéra forain dans les fêtes de la banlieue de Paris et des grandes villes. Il fait la tournée des foires campagnardes et des assemblées provinciales.

Mais il en va tout autrement des théâtres à spectacles. Les plus florissants, les plus connus sont, à cette heure, les loges de Marquetti et d'Émile Cocherie, qui s'intitule sur ses programmes « le maître des fêtes de Paris ». Au commencement de chaque campagne, c'est-à-dire avant la foire du Trône, Émile Cocherie donne audience, dans la villa qu'il possède à la porte de Montrouge, aux artistes qui prétendent à l'honneur d'entrer dans sa troupe. En sa présence, les postulants *jouent le canevas,* c'est-à-dire qu'ils brodent sur un sujet imposé une scène dialoguée. Ce sont les vieux motifs de parade qui servent depuis l'origine des tréteaux, tout le bagage de la comédie italienne et des farces gauloises dont on s'amusait déjà au temps des « escholiers ». Il n'est pas défendu d'oser du neuf ; mais ils sont aujourd'hui peu nombreux, les « bonisseurs » capables de « parler à l'extérieur ainsi qu'à l'intérieur », comme le porte la formule des engagements.

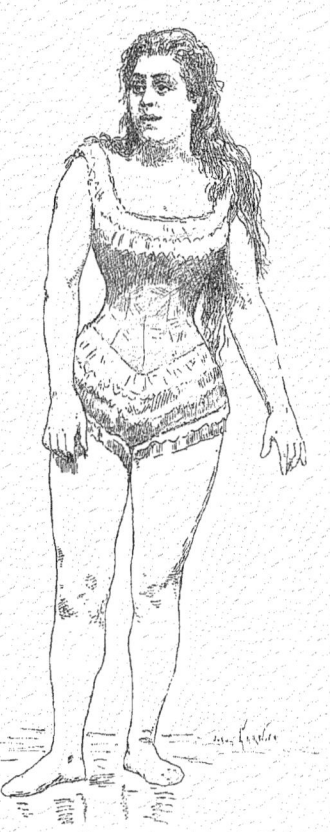

On offre pourtant aux malins qui voudraient relever l'emploi un traitement d'agrégé. L'illustre Clam, dit *le dernier des pitres,* a gagné jusqu'à cinq cents francs par mois sur les tréteaux des théâtres forains. J'ai demandé à M. Cocherie, que le départ de ce bonisseur fantasque avait laissé sans consolation, pourquoi il ne cherchait point à le remplacer par quelque jeune sujet de comédie honorablement sorti du Conservatoire.

— Il ne ferait pas mon affaire, m'a répondu ce directeur expérimenté. J'en ai eu, j'en ai encore un à ma parade ; il n'a jamais accroché le succès. La voix de ces garçons-là ne porte pas ; ils manquent de gaieté, surtout ils n'ont pas le don d'improvisation. Un commis voyageur de brillant bagout, un camelot de rue barrée ferait beaucoup mieux mon compte que M. Coquelin aîné.

Et de fait, ce Clam est un bon rieur. Je ne vous conseille pas de faire sa connaissance dans le *Clamiana,* un recueil de plaisanteries qui semblent lourdes, quand on les lit, pesamment imprimées, sur papier de chandelle, avec des têtes de clous. C'est à la parade qu'il faut entendre Clam, dans le tourbillon de gifles et de coups de pied aux chausses, dans ses dialogues improvisés avec le *contre-pitre*.

J'ai prié cet important personnage de rédiger pour moi quelques notes sur sa vie, je les publie telles quelles. Le dernier des queues-rouges appartient à l'histoire littéraire.

« Le 5 juin 1837, à midi, une voix de mirliton se fait entendre;
« le fils du comédien Chanet venait au monde dans la patrie de Casi-
« mir Delavigne! Élevé plus que pauvrement et ayant une nature
« maladive, ma plus belle jeunesse se passa à l'hospice du Havre, à
« l'époque du grand choléra qui a su m'épargner; plus tard, je vendis
« des contremarques à la porte du théâtre et m'estimai heureux,
« de temps en temps, de gober un acte.

« Ma seule récréation était de lire des pièces et de les jouer dans
« une chaufferette, à l'aide de petites poupées. — J'étais le plus
« ignare de la classe des Frères. Je fus
« malgré cela saute-ruisseau et lithographe.

« Je débutai en 1853 comme chanteur
« comique au théâtre des Familles, situé
« dans une ancienne prison.

« Quelque temps après, las de briller
« dans les fêtes carnavalesques de l'é-
« poque, je rentrai choriste au Havre,
« sous la direction de M. Defossez.

« Je chantais les chœurs et faisais les
« flots. Je revins quelques années plus tard dans ce même théâtre
« donner des représentations.

« Malgré cela, Paris m'a vu presque pieds nus, malade et sans
« logement; ma pension était sous les parapluies de la fontaine des
« Innocents; ma mère, étant pauvre, ne pouvait m'aider, et moi, de
« mon côté, je n'osais lui apprendre ma misère, afin de lui épargner
« des larmes. A force de luttes et de travail, j'ai brillé comme co-
« médien à Nancy, Limoges, Bordeaux, Toulouse, le Havre, Rouen,
« Besançon, Genève, Nantes, Paris, etc.

« J'ai joué avec Henry Monnier, mon maître, Scrivaneck,
« Vieuxtemps, Hoffman, Darcier, Renard. Des circonstances m'ont
« forcé de donner concert dans toutes espèces de villes et bour-
« gades; j'ai joué la comédie dans les écuries et dans les théâtres,
« dans les granges et les salons de Rothschild; j'ai voyagé à pied, en

« chemin de fer et en tombereau. Puis, j'ai parcouru une partie de
« la France avec des acrobates qui m'en ont fait voir de toutes les
« couleurs, et, chemin faisant, j'ai recueilli des notes instructives,
« inédites, dont je suis seul possesseur.

« Mes albums de voyage sont toute ma fortune. Plus tard, j'ai
« pris le café-concert avec mon restant de voix et je fus engagé suc-
« cessivement dans beaucoup de grandes villes. Je connais une par-
« tie de la Hollande et de l'Allemagne, un peu de la Suisse et de
« la Prusse, énormément de la Belgique, quelque peu l'Italie et
« l'Espagne. — Ce que je connais le mieux, c'est la franche Bohême.

« Comme feu Bilboquet, j'ai pratiqué toutes les banques, excepté
« la Banque de France, ce qui ne m'empêche pas de continuer mon
« petit train ; mon seul désir est de n'être contrarié par personne
« (c'est bien difficile), de vivre longtemps et de mourir sans souffrir.

« J'ajoute, pour l'édification du lecteur, que mes fils portent mon
« nom, chose que mon père a oublié de me donner (il était si dis-
« trait !). »

Clam, qui, — vous pouvez en juger par ce morceau, — a des droits
de figurer dans une anthologie complète des prosateurs français, a
« taquiné la muse » à ses heures. Alors il a bien la note de son
temps : macabre et mélancolique. Jugez-en par ces trois strophes
sur la mort d'une camarade de parade ; Clam me les a dédiées :

> Elle est morte, la cabotine,
> Sans avoir essuyé son blanc,
> A la bouche une cavatine,
> Son bouquet de fleurs sur le flanc.
>
> Dans sa « caravane », on la garde
> Entre un cierge et des litres bus ;
> Sa mère l'habille et la farde
> Comme elle a fait pour ses débuts.
>
> Elle attend qu'on lève la trappe
> Et qu'on frappe au rideau trois coups,
> Elle attend... Hélas ! on les frappe,
> Mais c'est sur des têtes de clous.

Un homme qui a tant de cordes à son arc n'est pas inquiet de l'avenir. Un jour que j'émettais devant Clam la crainte que la vieillesse ne le surprît sans sou ni maille, il m'a répondu :

— Quand je ne serai plus bon à rien, mes amis feront de moi un homme politique. Mais j'ai encore du coffre, et je traînerai longtemps l'agonie de la parade.

Les perfectionnements, les trucs de toute couleur qui ont tué le « spectacle extérieur » au profit des « récréations » dont on jouit au dedans, ont transformé avec le plus de succès les spectacles de physique amusante, dans le genre des loges d'Adrien Delille et de Pietro Gallici.

Depuis qu'il a acheté le théâtre et les trucs de Laroche, Delille est le roi des « physiciens banquistes ». Il est le troisième du nom. Le premier des Adrien, le grand-père, était physicien du roi Charles X, et, depuis ces temps reculés, à toutes les foires de Paris et des grandes villes, on a vu un magicien du nom de Delille faisant des omelettes dans des castors, escamotant des muscades, sans chapeau pointu, sans grandes manches, sans baguettes, sans mots cabalistiques, — un sorcier moderne en habit noir et en gants mauve.

Ce sont les Delille qui ont les premiers exploité en France le truc du *décapité parlant*. Ils en avaient acheté la propriété quatre mille francs, et n'épargnèrent point à leurs imitateurs des procès qu'ils gagnèrent tous.

La science de la magie blanche a fait des progrès depuis ce

temps-là. Il y a toujours moyen de perfectionner un vieux truc, et Adrien Delille passe chaque année ses six mois de chômage à préparer la saison d'été.

Comme les camarades, au mois de novembre, il licencie sa troupe; il vient prendre ses quartiers d'hiver à Paris, où il a un cabinet d'expériences. Il s'agit d'être prêt pour la rentrée en campagne de Pâques, d'étonner les Parisiens à la foire du Trône.

Aux jours de sa jeunesse, le physicien opérait presque seul. Il se chargeait pendant des heures de tenir son public en haleine. Il faut ici avoir la parole facile, l'esprit toujours en éveil, l'habileté d'attirer les yeux où l'on veut, ailleurs que sur les manipulations secrètes. C'est une lutte constante avec la curiosité malicieuse du public.

— Je n'ai plus assez d'estomac, me dit Delille, pour soutenir ce manège-là pendant une suite d'escamotages; j'ai dû couper mon spectacle. D'ailleurs, aujourd'hui, le public aime cela.

La troupe est composée de quarante personnes. On ne se fait pas une idée exacte de l'importance de l'exploitation d'un de ces grands théâtres forains.

Dans une loge comme celle d'Adrien Delille, douze cents personnes peuvent s'asseoir. Il y a toujours salle comble aux représentations du dimanche. Cela fait une moyenne de quatre cents francs de frais par jour, car les premiers sujets sont payés fort cher. Clowns, acrobates, bonisseurs, équilibristes, tous ces artistes, — les mêmes qui s'exhibent dans les hippodromes et dans les cirques, — sont engagés par l'entremise des agences. Les traités sont conclus pour un mois et résiliables au bout de huit jours, à la volonté du directeur.

Un bon clown, un gymnasiarque habile, peut gagner dans un théâtre forain comme celui de Delille autant qu'au Cirque, jusqu'à

deux mille francs par mois.

Quant aux danseuses que l'on emploie dans les poses plastiques des tableaux vivants, elles sont rétribuées selon leur beauté et leur habileté, cent quatre-vingts, deux cent quarante, voire même cinq cents francs par mois.

Delille a donné davantage encore aux deux jolies filles qui, dernièrement, lui posaient les petites bretteuses du tableau d'Émile Bayard : *l'Affaire d'honneur.*

Il ne faut pas plus demander à un physicien de dévoiler ses trucs qu'à une jolie femme de vous nommer le parfum dont elle use à sa toilette. Je n'ai donc jamais posé là-dessus d'interrogations indiscrètes. La propriété exclusive d'un tour de physique est difficile à défendre en justice; aussi les prestidigitateurs sont-ils toujours en garde contre les indiscrétions de leurs employés. Ils ont été cent fois trahis pour une bouteille de vin et quelques billets de banque. Instruits par le malheur, ils entourent leurs recherches d'autant de mystère que défunts les prêtres égyptiens, adorateurs de l'Isis voilée.

Et c'est seulement dans ce mystère que gît notre plaisir. « Ces fantasmagories, a dit excellemment un de nos contemporains que le goût de l'acrobatie philosophique conduit à l'estime de l'acrobatie en maillot, ces fantasmagories nous plaisent comme tous les phénomènes qui semblent aller contre l'ordre immuable des choses, contre les lois de la nature. L'univers étant ce qu'il est, nous n'avons guère d'autre consolation que de rêver qu'il est autrement, et c'est là proprement la poésie. La physique amusante, c'est de la poésie lyrique et de la fable en action (1). »

Le temps est passé où l'on faisait monter les prestidigitateurs

---

(1) Jules LEMAITRE, *Impressions de théâtre*, 2ᵉ série.

sur des bûchers, et où les honnêtes gens tenaient à honneur d'apporter un fagot pour les rôtir. Chacun sait qu'il n'y a rien de surnaturel dans les illusions qu'ils font naître. L'explication en est d'ordinaire la plus simple du monde; mais on la cherche presque toujours sans résultat, et pendant que l'on s'entête, on ne s'ennuie pas, ce qui est l'unique affaire.

Il y a un physicien plus moderne que Delille, plus ingénieux que Robert Houdin, qui a porté dans un degré jusqu'ici inconnu la perfection de cette magie blanche. C'est M. de Kolta.

Cet homme extraordinaire prend une feuille de papier, la roule en cornet, et aussitôt de cette corne d'abondance neigent des avalanches de roses dans une coupe de cristal.

Le spectateur se prend le front.

— D'où sortent ces roses? se demande-t-il.

M. DE KOLTA.

Apparemment, elles étaient quelque part dissimulées dans le gilet du thaumaturge; mais comment entrent-elles dans le cornet? qui les pousse? quel ressort les fait jaillir?

Il faut avouer qu'on n'y comprend rien.

De même, M. de Kolta ôte son habit, prend dans ses mains une cage où sautille un oiseau.

— Une, deux, trois!

Plus de cage, plus d'oiseau, plus rien.

Les malins vous disent gravement :

La cage articulée, sous quelque pression de bouton, se démonte, se resserre, s'allonge. Elle prend probablement la forme d'un cylindre étroit au milieu duquel l'oiseau se trouve emprisonné sans blessure.

Voilà qui va bien; mais comment le cylindre disparaît-il? Le magicien n'a point de compère; il exécute son tour sous les yeux du public. Il ne semble pas qu'un seul de ses mouvements puisse échapper à l'attention des regards.

Enfin, M. de Kolta ne se contente pas de faire disparaître un oiseau, il escamote une femme, la sienne, se dit-on, et il a eu beau la choisir si frêle, si menue, si cousine des elfes, qu'elle pourrait, il semble, courir sur la face d'une prairie sans incliner les tiges des foins; c'est une femme de chair et d'os que vous ne feriez point entrer dans une gaine d'épée. M. de Kolta, qui est plus malin que vous, déploie un journal sur le plancher, il pose une chaise sur ce journal, madame de Kolta s'assoit sur cette chaise, et M. de Kolta couvre ce petit paquet de dentelles d'un voile rouge et noir; puis, rapidement, il enlève le voile.

Plus de femme !

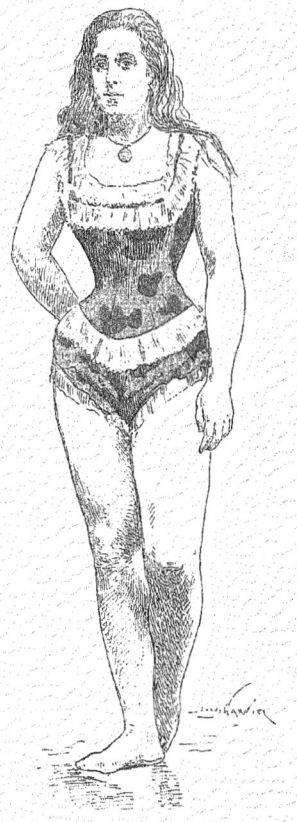

Évidemment, madame de Kolta a disparu dans une trappe ; mais enfin, tandis qu'elle s'enfonçait, le voile n'a point remué, ni non plus le journal qui dépassait de beaucoup les bords du voile. Cela n'empêche point que l'on est humilié d'avoir été victime, même prévenu, d'une pareille illusion. Et l'on se demande avec effroi quels faibles instruments de connaissance sont donc ces sens en qui nous mettons si aveuglément notre confiance.

Par ce trouble, par cette défiance de nos jugements où elle nous laisse, la physique amusante devient une excellente école de sagesse. Croyez-en M. Jules Lemaître, qui a découvert le premier la partie philosophique de ces spectacles (1) : « M. de Kolta, dit-il, doit être un homme heureux. Sorcier, il l'est réellement. Il nous force à voir de nos yeux ce que nous ne voyons pas et à ne pas voir ce que nous voyons, et cela par la seule vertu de ses doigts agiles. A sa place, j'irais là-bas dans le mystérieux et crédule Orient fonder une religion nouvelle que j'appuierais sur des pro-

---

(1) Jules LEMAITRE, *Impressions de théâtre*, 2ᵉ série.

diges. M. Renan fournirait le dogme qu'il saurait accommoder aux besoins de ces âmes lointaines, et M. de Kolta ferait les miracles. Il serait prophète pendant sa vie et saint, peut-être dieu, après sa mort... Mais une réflexion douloureuse vient tempérer la joie que me donne cette idée. Les prodiges de M. de Kolta sont, au fond, malfaisants. Puisque nous ne croyons pas aux faux miracles de M. de Kolta, quoique rien ne les distingue des vrais, et que nous n'avons pour les juger faux que l'avis du magicien, que ferions-nous donc si de vrais miracles s'accomplissaient devant nous? Nous dirions : Connu! c'est de la physique amusante! Et c'est ainsi que l'on tue malignement ce qui peut nous rester de foi au surnaturel. Le prophète Élie, quand il reviendra sur la terre à la fin des temps, y rencontrera des Koltas; on le renverra lui-même à l'Éden ou aux Folies-Bergère. Et c'est pourquoi les derniers hommes seront damnés, — comme les premiers, du reste. »

DEUXIÈME PARTIE

LES JEUX DU CIRQUE

CHAPITRE PREMIER

LES DRESSEURS

On ne voit pas trop comment l'homme se serait tiré d'affaire s'il n'avait obligé les animaux à le servir. La science du dressage des bêtes remonte donc aux premiers jours du monde ; croyez que le *dressage artistique* est presque aussi ancien. L'homme des cavernes, qui n'avait pas encore inventé le jeu d'oie, ne savait trop quel emploi donner aux longues soirées d'hiver ; il a dû instruire ses molosses dans l'art de sauter et de faire le beau.

Aujourd'hui que le dressage des bêtes est devenu un état qui fait vivre grassement son homme, la concurrence a reculé l'habileté des dresseurs à des limites bien surprenantes. Toute l'arche de Noé a passé sous la cravache, depuis les insectes jusqu'au bon éléphant Jumbo. On a dressé des serpents, des oiseaux, des chats, des chiens, des chèvres, des singes, des phoques, des cochons. Dans le désir de saisir et de vaincre la difficulté toujours plus redoutable, on a été jusqu'à épucer les bêtes que l'on instruisait ; on a mis la bricole aux puces ; on les a contraintes de tirer des chariots. Rappelez-vous les vers de Virgile sur l'étalon pour la première fois soumis au joug ; le poète s'extasie sur ses vigoureux écarts qui arrachent le soc du sillon. Qu'aurait-il dit, je vous prie, du coup de reins de la puce qui saute, en liberté, *cent quarante-quatre fois* sa hauteur ?

Si vous voulez surprendre les mystères du dressage, dont les principes sont fixes, et qui, en s'appropriant aux instincts de chaque bête, varie bien peu, en somme, dans l'application, je vous engage à faire tout d'abord une lecture qui vous réserve des surprises. Il s'agit de l'ouvrage du professeur G. J. Romanes, secrétaire de la Société Linnéenne de Londres pour la zoologie. Sous le titre de *L'intelligence des animaux*, ce livre a été traduit en français dans la « Bibliothèque scientifique internationale » (1). Vous pourrez feuilleter seulement le premier volume, qui traite de l'intelligence des mollusques, fourmis, termites, araignées, scorpions et bas articulés. Mais il vous faudra lire de près, dans le second tome, les chapitres consacrés aux oiseaux, au chat, au chien, aux babouins, à l'éléphant. J'imagine que s'il y a parmi vous des partisans de la doctrine cartésienne, des gens qui, jusqu'ici, n'ont vu dans les animaux que des pendules mieux réglées que nos horloges, ils sortiront de cette lecture ébranlés dans leur certitude.

Le saltimbanque, qui n'est point constructeur de systèmes *à priori*, mais dont la philosophie est tout expérimentale, a, depuis longtemps, observé la régularité des habitudes chez l'animal. Il a fondé là-dessus sa méthode de dressage.

Quelle que soit la bête qu'il veuille instruire, il commence par l'observer longuement. Il cherche à découvrir non seulement les habitudes générales de sa race, mais ses dispositions particulières. Tel individu se lève plus volontiers sur les pattes de derrière, tel autre est né sauteur..... Aussi bien cet axiome domine-t-il tout le dressage : « On ne fait exécuter aux bêtes, au commandement et à la volonté, que les mouvements qui leur sont naturels à l'état libre. » Le singe se balance volontiers sur les lianes : on l'assoira

(1) Chez Félix Alcan, Paris, 1887.

sur un trapèze ; la chèvre recherche les rochers pointus ; c'est une équilibriste volontaire : on lui apprendra à se tenir sur un goulot de bouteille ; le chien se lève, de soi-même, sur ses pattes, pour saisir le morceau de sucre qu'on lui tend : il faudra l'obliger à s'y maintenir.

Sur ces remarques, le dresseur peut s'embarquer dans son instruction. Il atteindra son but s'il use judicieusement de ces trois forces associées : la *peur*, la *gourmandise* et l'*habitude*.

La première fois que vous faites lever un chien sur ses pattes de derrière, il vous faut lutter avec la paresse qui pousse l'animal à retourner tout le temps dans sa position habituelle. Recommencez quotidiennement cette manœuvre, et chaque fois, récompensez l'effort d'un morceau de sucre. Très vite il se formera dans cette mémoire de chien une association de sensations : la sensation désagréable de *marcher sur les pattes de derrière* sera inséparablement liée pour lui avec la sensation agréable de *croquer du sucre*. Et comme, par la répétition habituelle du même mouvement, la fatigue de la station verticale ira decrescendo, tandis que l'élément de plaisir demeurera fixe, le chien en viendra à exécuter très volontiers l'exercice qui d'abord lui répugnait. D'autre part, songez que la cravache est là, toute prête à corriger un entêtement ou une maladresse, et vous comprendrez qu'un caniche placé en face de ce dilemme, ou marcher sur les pattes de derrière et recevoir une friandise, ou ne pas marcher et recevoir un coup de fouet, se décidera sans hésitation pour la polka.

Voilà, dans sa simplicité, tout le secret du dressage. Patience et

régularité chez l'homme, habitude et gourmandise chez l'animal. Il n'y a pas d'autre talisman. Vous avez tous vu, à pied ou à cheval, des charmeuses de pigeons. C'est un des spectacles les plus gracieux qui soient. La jeune femme, emportée au galop de sa monture tout autour de la piste, se dresse, se couche dans des poses plastiques qui font valoir la souplesse de ses lignes. Et derrière elle, comme les plis d'un manteau au vent, suit le vol blanc des pigeons. Ils s'abattent sur les bras, sur le cou, sur les épaules de la charmeuse. On dirait une de ces jeunes prêtresses qui, dans les bosquets de Gnide, offraient la fraise de leurs lèvres et les pointes de leur gorge au becquètement des colombes.

Or souhaitez-vous connaître le secret de ce charme? Il est révélé dans un vaudeville bien divertissant du vieux théâtre : *le Sourd, ou l'Auberge pleine.*

— Veux-tu, dit à son compagnon un des personnages de cette bouffonnerie, que je t'indique un moyen infaillible d'attraper les oiseaux? Eh bien, écoute. Tu mets du blé sur ta fenêtre; les petits oiseaux viennent le manger. Tu en mets une seconde fois, les petits oiseaux font de même. Le huitième jour, tu n'en mets pas. Les oiseaux arrivent le bec ouvert... et ils sont attrapés.

Voilà tout le secret de la charmeuse de pigeons. Elle a semé du grain pendant sept jours dans les plis de son manteau. Le huitième jour, les pigeons étaient charmés.

C'est ici un mouvement presque mécanique. La certitude du succès est en raison directe de la force de l'instinct et de l'infirmité de l'intelligence.

Avec les animaux supérieurs, comme le chien, les chances d'insuccès sont bien plus nombreuses; mais cette intelligence individuelle, qui rend l'obéissance plus incertaine, autorise à demander un effort qui dépasse l'instinct au sujet d'élite choisi dans la meute. C'est ainsi que Munito, qui jouait aux dominos avec son maître, semble avoir autant de chances de passer à la postérité la plus reculée qu'Archimède le Syracusain. Un de ses camarades, un pauvre loulou enfant des carrefours, a fait courir l'an passé tout Paris aux Folies-Bergère. Il avait créé parmi les siens l'emploi des Augustes.

Vous voyiez ce bon chien-clown arriver au grand galop sur le tremplin, puis s'arrêter court devant la barre, passer sous les chaises quand on lui présentait le cerceau, feindre le sommeil sonore quand on lui parlait de travailler. Mais tout cela, c'était pour la frime, pour allumer les rires. Subitement, le pitre se débarrassait de sa collerette, il bondissait sur la batoude, fendait l'air d'un saut si prodigieux, que les grands lévriers refusaient la partie, et qu'il fallait recevoir sa culbute sur un matelas pour l'empêcher de se briser les pattes. Quelques mois plus tard, il devait se casser les reins à Londres, dans un exercice encore plus périlleux. On appela près de lui de vrais médecins. Rien n'y fit : il mourut après une courte agonie de sanglots et de hurlements. J'ai rencontré son maître quelques mois après ; je lui ai parlé de son deuil. Il pleurait encore en parlant du pauvre clown qu'il avait chéri d'une amitié humaine. Je l'écoutais dire. Ses paroles me remuaient dans le cœur une douleur pareille.

Ma morte à moi, — une caniche noire, — s'appelait Miette. Elle n'était point savante, jamais elle n'avait seulement voulu apprendre à se lever sur ses pattes, mais nous nous aimions. J'habitais alors cette berge de la Marne, en hiver si déserte, qui va de Nogent à Joinville-le-Pont. Quand, le dernier train sonné, elle ne me voyait point de retour, Miette cassait sa chaîne et venait m'attendre, vers Reuilly, dans les fossés de Vincennes. Elle voulait me faire cortège à travers le bois, qu'elle sentait, la nuit, plein d'attaques et d'obscurs périls. Un jour, un chien rôdeur la mordit. Ignorant le mal qui la tenait, je tentai de lui ouvrir la gueule pour lui faire avaler des remèdes. Elle me regardait avec des yeux suppliants, fous, qui semblaient dire : « Lâche-moi, mon maître, je ne veux pas te mordre. » Quand je sus de quoi il retournait, je ne voulus pas laisser au vétérinaire le soin de la tuer, maladroitement peut-être. Je l'emmenai dans un fourré de ce bois de Vincennes que nous avions traversé si souvent ensemble par de belles nuits de gelées, silencieuses, fourmillantes d'étoiles. J'avais le cœur serré, l'angoisse d'un homme qui va commettre un crime, qui a attiré un ami au coin d'un bois pour l'assassiner lâchement. Mais il fallait qu'elle mourût. Je l'ai donc fait coucher par terre, je lui ai mis le canon de mon revolver dans l'oreille, et j'ai pressé la détente.

Oh! ce long regard de reproche que tu m'as jeté, ma pauvre Miette, avant qu'ils devinssent tout à fait troubles, tes yeux si tendres, tes yeux d'enfant! Je t'ai creusé un trou, je t'ai couchée au fond, doucement, sur des feuilles; j'ai détaché ton collier de nickel. Il est toujours dans le tiroir de ma table de travail; souvent, ma main le heurte quand elle fouille dans le désordre des papiers; la petite gourmette sonne comme des gros sous dans une bourse. Et il me semble alors que tu rôdes autour de moi, pauvre Miette, que j'entends ton galop maladroit dans l'escalier de bois du chalet, que tu vas gratter à ma porte!

Y a-t-il un monde meilleur, un paradis pour ces fidèles serviteurs de l'homme? Je n'oserais affirmer que je le crois, et pourtant, dans le Dauphiné, j'ai connu un chien qui, lui, avait certainement cette espérance. C'était un petit dogue jaune, étrange, un chien de race divine que l'empereur de la Chine avait donné comme un rare présent à un diplomate français. Il ressemblait à une bête héraldique, à un de ces monstres étranges qu'on voit se tordre et aboyer dans les peintures des vases et dans les reliefs des bronzes. Transporté en France, ce prolifique chinois avait, à dix lieues à la ronde, mélangé toutes les races de chiens, créé une lignée d'animaux bizarres, chez qui le type de l'étalon-père s'affirmait accouplé aux formes les plus étranges. A la fin de sa vie, quand je le connus, il était devenu rêveur. Il passait des journées entières, la tête allongée sur les pattes, les yeux fixes, à se ressouvenir. Un soir d'automne, étant sortis sur une terrasse pour contempler la nuit illuminée, nous le trouvâmes assis sur une dalle, immobile, la tête levée vers la nuit; de ses yeux, brillants comme des escarboucles, il semblait fixer, là-haut, un point dans les espaces.

Son maître, intrigué, l'appela trois fois :

— Kiang! Kiang! Kiang!

Mais il ne bougea pas plus qu'une chimère de bronze, emporté loin de nous par son extase.

Le lendemain, on le trouva mort dans sa niche.

J'ai pensé depuis que, sans doute, ce soir-là, il avait eu le pressentiment de sa fin prochaine, et qu'il avait entendu le lointain aboiement de la meute de Sirius, de ces chiens fils du Ciel, chasseurs de l'Ourse, qui désaltèrent éternellement leurs soifs divines aux fontaines de la Voie lactée.

Pour plaisante que soit la grimace des singes, la tendresse des chiens leur nuit dans mon estime. J'ai tort : si le caniche est très près de nous par le cœur et la délicatesse sentimentale, le singe est plus voisin de l'humanité par son geste et par sa figure. Darwin a écrit là-dessus de bien belles choses. Un bébé de quatre ans que je conduisais l'autre jour au théâtre Corvi, — et qui n'a pas lu Darwin, — s'écriait en voyant entrer le cuisinier prévaricateur :

— Tiens! un petit nègre!

Vous connaissez tous ce tableau aussi populaire que l'*Orgie romaine* de Couture : Derrière une table, abondamment servie de biscuits et de noisettes, trône, serviettes au cou, en costumes de généraux péruviens, une compagnie de macaques babouins, orangs-outangs et capucins bruns. Un pauvre diable de petit singe, attifé de la défroque de Trompette, bonnet et tablier blancs, sert ses camarades en gambadant autour de la table. Dans la main droite, il porte une chandelle allumée; dans la main gauche, un panier dont il fait danser l'anse. Ah! oui, il la fait danser, l'anse de son panier, le capucin-chef! Il la fait danser moralement et matériellement. Entendez qu'il balance ses provisions à la volée, et qu'il leur dit deux mots quand M. Corvi a le dos tourné.

Il en va de même depuis notre enfance, depuis la jeunesse de mon père et de votre aïeul. Et comme il est malaisé d'admettre que le capucin-chef soit sexagénaire, il faut en conclure que toute une génération de grimaciers s'est repassé le tablier et le bougeoir sans que nous y ayons pris garde.

Pour en avoir le cœur net, j'ai interrogé là-dessus M. Corvi lui-même :

— Mon spectacle, m'a-t-il répondu avec beaucoup de bienveillance, est proprement le couteau de Jeannot. Comme je n'exhibe guère que des ensembles où les chèvres font leur partie avec les singes, les caniches et les poneys, j'élève en réserve, dans la coulisse, une doublure de chaque rôle. C'est ainsi que dans la pantomime du *Soldat déserteur,* vous ne retrouverez plus un seul artiste de la création. J'ai successivement remplacé le juge, les gendarmes, le condamné et les fossoyeurs, à mesure que la phtisie et la goutte faisaient des brèches dans ma troupe. Les acteurs passent, le spectacle demeure. Personne ici n'est nécessaire. Je perdrais demain mon grand premier rôle, — c'est un babouin du nom de Coquelin aîné, — que le spectacle ne chômerait pas un seul jour. Nous le remplacerions par sa doublure, — elle s'appelle Coquelin cadet, — et ni les nourrices ni les bébés, — qui sont nos abonnés du mardi, à nous autres, — ne s'aviseraient seulement de cette révolution de coulisses.

M. Corvi est un des derniers représentants des dresseurs vieux style, qui endossaient l'habit noir ou la redingote de M. Loyal pour venir présenter leurs sujets au public. Le dresseur moderne enfile volontiers le pantalon bouffant du clown, et son choix, de parti pris grotesque, va aux animaux ridicules, le cochon et l'âne.

C'est l'âne étalon, le terrible Onos, comparé par Homère au divin Ajax, que le clown a traîné dans l'arène par les oreilles. Vous savez que ce mâle est une bête terrible. On a beau le choisir de race exiguë, sa morsure est toujours redoutable. Aussi le licol, qui semble seulement lui coiffer la tête, le musèle-t-il solidement, et ses sabots ne sont jamais ferrés. Malgré ces précautions, il faut que le clown soit leste pour éviter les ruades qu'on lui décoche en pleine poitrine, et pour ne pas manquer son saut de banquette quand maître Aliboron le charge, à travers le cirque, comme un taureau lâché sur un picador.

Quant au cochon, son exhibition a le don de ravir les foules. Le moyen de ne pas rire quand l'homme enfariné approche son museau du groin de son élève et lui crie à travers la piste :

— Vénez ici, côchon !

— Hein ? demande M. Loyal.

— Ce n'é pas à vô qué je parle.

Si arriéré que soit encore le dressage du cochon, il exige de la part de l'éducateur une patience particulière. « Bats ta femme avec un gourdin, dit un proverbe irlandais que je tiens de Billy Hayden, et ton cochon avec une paille. » En effet, la bête soyeuse a le derme si sensible, que le moindre coup de cravache la couvre d'ampoules et la rebute pour toujours du « travail ». Il faut user avec elle de persuasion et de bons procédés.

Il n'y a peut-être qu'un animal plus strict que le cochon sur les rapports de politesse, c'est l'éléphant.

Cette bête, que l'écuyer Corradini à l'Hippodrome, et les frères Lockhart un peu partout, vous ont présentée avec tant de succès, a toutes les passions et les émotions de l'homme.

Je crois avec vous que quelques-unes des histoires qu'on vous a contées sur les bons éléphants, demanderaient confirmation. C'est ainsi que je n'ai jamais lu sans défiance l'anecdote contée par Plutarque (*De solert. anim.,* cap. XII), d'un éléphant auquel on avait administré une correction pour avoir mal dansé, et que l'on découvrit ensuite s'exerçant tout seul au clair de lune.

Mais il y a des témoignages scientifiques qui établissent la magnanimité de l'éléphant, son sentiment élevé du devoir, son amour-propre respectable.

Griffiths, dont la bonne foi ne saurait être soupçonnée, cite un trait bien caractéristique de cet amour-propre. Au siège de Bhurtpore, après un séjour prolongé de l'armée anglaise devant les murs de la ville, le régime des vents secs avait évaporé la réserve des étangs; aussi la concurrence était grande autour du dernier puits qui contînt encore de l'eau. Un jour que deux conducteurs se trouvaient au bord du puits avec leurs éléphants, l'une des bêtes, qui était d'une taille remarquable, voyant son camarade se servir d'un seau pour puiser, le lui arracha de force. Tandis que les deux gardiens se disaient des sottises, la victime, consciente de l'affront, contenait son ressentiment. Mais quand le voleur se pencha au bord du puits pour atteindre la nappe d'eau, le petit éléphant prit un élan terrible, et se précipitant tête baissée sur son ennemi, il l'envoya rouler dans la citerne.

Cet orgueil, qui, lorsqu'on en triomphe, sert l'effort du dresseur, a dans l'occasion des effets tragiques. Quand on dompte les éléphants, on peut d'habitude, au bout de deux mois, se dispenser de se faire accompagner par les éléphants moniteurs, et le prisonnier est, dès lors, monté par son conducteur. Au bout de trois ou quatre mois, il est assez docile pour travailler; mais il y a danger à brusquer ce dénouement, car on a vu souvent des élé-

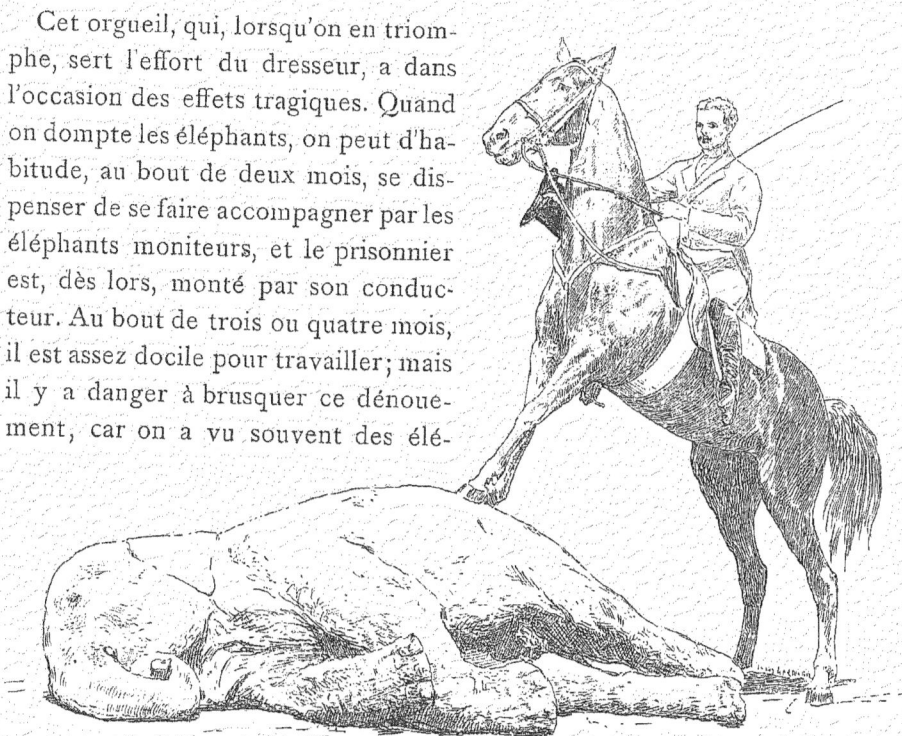

phants adultes, parfaitement bien portants, se coucher sur le sol et rendre le dernier soupir la première fois qu'on leur a imposé le harnais. Les indigènes disent alors qu'ils meurent du *cœur brisé;* en tout cas, ce n'est ni de maladie ni de blessure. (Sir E. TENNENT, *loc. cit.,* p. 216.)

J'ai trouvé d'autre part, dans les *Mémoires* que le Rév. Julius Young a publiés sur son père, l'acteur Charles Young, une anecdote qui témoigne bien de la sagacité et de la sensibilité affectueuse de ces gros pachydermes.

Les journaux venaient d'annoncer l'arrivée en Angleterre du plus gros éléphant qu'on y eût jamais vu. Aussitôt, Henry Harris, l'administrateur du théâtre de Covent-Garden, fit l'emplette de Chung, — c'était le nom de la bête, — pour l'exhiber dans une pantomime intitulée *Harlequin*, que l'on montait à grands frais. Harris acheta la bête neuf cents guinées (22,500 fr.). Madame Henry Johnston devait monter sur l'animal, et miss Parker devait faire le

jeu en Colombine. Mais à la répétition générale, en arrivant au pont jeté sur la cascade, Chung s'arrêta net et refusa de passer sur le praticable dont il se méfiait, non sans raison. Ce fut en vain que le cornac, furieux, le cribla au-dessous de l'oreille de piqûres exécutées avec un aiguillon de fer. Les yeux baissés, les oreilles pendantes, l'énorme animal demeura debout dans une flaque de sang, immobile comme un mur.

Au milieu de cette bagarre survint le capitaine du navire qui avait amené Chung. Il s'était attaché à la bête et lui avait souvent porté des friandises. A peine l'éléphant eut-il reconnu son ami, qu'il s'approcha de lui d'un air suppliant, lui prit doucement la main avec sa trompe, la plongea dans la plaie saignante qu'on lui avait faite, puis la ramena devant les yeux du capitaine. Le geste disait aussi clairement qu'une parole :

« — Tu vois comme on me fait souffrir ! »

Le pauvre Chung semblait si malheureux, que tout le monde fut ému, même le gardien. Pour rentrer en grâce, ce cruel cornac courut acheter des pommes qu'il offrit à l'éléphant ; mais Chung les jeta loin de lui avec mépris. Le capitaine, qui lui aussi était allé chercher du fruit au marché de Covent-Garden, revint tout de suite après et présenta son emplette. Chung l'accepta volontiers, et, après s'être régalé, il vint enlacer doucement de sa trompe la taille de son protecteur.

Comme on n'a pas encore réussi à présenter la baleine en liberté, l'éléphant est la plus grosse des bêtes à qui l'homme ait imposé l'obéissance. Il semble donc que cette monographie du dressage devrait finir par l'aventure de Chung.

C'est pourtant par le dressage d'un animal de taille autrement exiguë, du chat, que je veux couronner ce chapitre. Et cet ordre, qui pourrait sembler arbitraire, a pour le moins deux raisons : la présentation en liberté du chat domestique est la plus récente conquête du dressage ; puis, dans une classification rigoureuse des genres, je ne sais point trop s'il faut regarder la présentation du chat comme un fait de dressage ou de domptage. Il y a, en effet, autant de motifs de considérer le chat comme une bête féroce que comme un animal domestique.

Nous avions cru jusqu'ici, sur l'affirmation d'un détracteur systématique, M. de Buffon, que le chat était un animal indomptable. « Il ne permet à personne, avait dit le naturaliste classique, de modifier ses instincts de paresse et de brigandage. »

Le chat a attendu tout près d'un siècle la réparation de cette injure, mais enfin il la tient éclatante.

Il y a à peu près vingt-huit ans, naissait dans un village de Hollande un enfant qui, dès ses plus jeunes années, faisait preuve d'une habileté singulière dans l'apprivoisement et le dressage des animaux.

A dix-sept ans, cet ami des bêtes, — il s'appelle Bonnetty, — présentait en liberté des lapins, des lièvres et des cobayes si savants, que la docte Hollande, où l'on ne s'émeut point aisément, en fut étonnée. Mais Bonnetty ne devait pas s'en tenir là. Tenté par la difficulté rare, il se promit de donner un démenti à M. de Buffon, et s'adonna avec patience à l'éducation du chat.

Il fit choix de deux sujets, hollandais comme lui, des chats de Hooren, — M. Bonnetty a remarqué, à la suite d'innombrables observations, que les chats de ce pays-là sont d'une docilité particulière, — et il passa des mois à les assouplir ; puis, un à un, au nombre d'une vingtaine, il leur adjoignit des camarades, qui, l'instinct d'imitation aidant, s'instruisirent plus vite.

Le premier exercice consiste à faire sauter le chat au commandement.

— *Vooruit!* ordonne M. Bonnetty, qui ne parle que le hollandais.

Le chat ne « vooruite » pas du premier coup. Il reste indécis, bien souvent il n'a pas compris. Jamais Bonnetty ne se fâche. De sa main souple, qui fait patte de velours, il caresse doucement l'échine de sa bête, décidé à ne se point fâcher, mais à ne point céder non plus. A la fin, le chat finit par comprendre ce que l'on attend de lui, et il saute.

Ce premier résultat obtenu, le travail de l'éducation devient plus rapide. L'animal s'habitue à marcher sur les dossiers des chaises, sur les goulots des bouteilles, à franchir des cercles enflammés. Mais il reste une épreuve décisive à tenter : celle de la présentation au public.

M. Bonnetty a eu des chats, parfaitement obéissants en répétition, qui ne pouvaient se décider à « travailler » au bruit de la musique, devant une multitude de spectateurs. Ils se tapissaient dans un coin de leur petite maison, redevenant subitement sauvages.

— Je ne puis les traiter comme je ferais pour des chiens, m'a dit M. Bonnetty, par l'intermédiaire d'un truchement. Toute violence est inutile avec eux ; je ne puis compter que sur leur bon plaisir ; nous n'avons, mes chats et moi, que des rapports de politesse.

Et, dans une minute d'épanchement, le dompteur m'a conté, avec des larmes subitement montées aux yeux, l'histoire d'un chat incomparable qu'il a perdu à Bruxelles, au mois de mai dernier.

— C'était un chat, monsieur, comme je n'en retrouverai point.

Il franchissait quatorze chaises d'un bond, à une hauteur d'un mètre cinquante. Il était très doux. Mais vous savez ce que c'est que les artistes : de grands enfants. Le soir même de notre arrivée à Bruxelles, lorsque, une heure avant la représentation, je vins pour dire bonjour à mes bêtes, je m'aperçus que Thommech avait réussi à s'échapper. Le malheureux courait les toits à la poursuite

d'une chatte bruxelloise qui lui avait fait perdre la tête. Il a voulu sauter d'un toit à l'autre, par-dessus une rue, pour la rejoindre. Il est tombé. Je l'ai ramassé mourant sur le pavé.

Depuis lors, monsieur, continua M. Bonnetty après une minute de douloureux silence, j'ai pris un grand parti : il n'y a plus aujourd'hui dans ma troupe que des sultanes et des gardiens du sérail.

Comme Bidel, qui introduit un mouton dans la cage de ses lions, M. Bonnetty a voulu obliger ses chats à vivre en bonne intelligence avec les souris et les oiseaux.

Sur la corde tendue qui traverse le cirque, s'abat un vol de serins hollandais; près d'eux s'installent des souris blanches et des rats gris pommelé. Le dompteur ouvre alors la porte du palais des chats, et, à la file, toute la bande d'artistes : *Thiber, Jano, Moor, Edward, Paris, Brussel, Boulanger, Djeh, Brutus* et *César,* défile d'un pas lent, enjambant les rongeurs et les oiseaux, dont quelques-uns s'envolent et viennent, sans défiance, se poser sur la tête des matous.

Les premières entrevues d'un nouveau rat et d'un nouveau chat sont un spectacle tout à fait divertissant à voir. M. Bonnetty tient délicatement chacun de ces débutants par la peau du cou ; il les oblige à se faire vis-à-vis, d'abord à distance respectueuse, puis avec le temps on se rapproche, on finit par se toucher du museau.

— Ce qui prouve, me dit M. Bonnetty, que les pires ennemis ont toujours intérêt à se connaître.

Je me souviens que nous nous quittâmes sur cette réflexion philosophique.

Rentré chez moi, je trouvai mon chat toujours assis devant le feu qui se mourait. Il sommeillait, immobile, accroupi dans sa pose éternelle de sphinx.

Je m'approchai doucement, et je lui dis :

— Mon ami, je t'ai méconnu jusqu'ici, je t'en demande pardon.

L'amitié de tant de grands hommes qui, de Théophile Gautier à Sylvestre Bonnard, t'ont vénéré comme un dieu, aurait dû m'avertir que j'avais tort de te tenir en défiance.

Pardonne-moi. Bonnetty m'a prouvé que tu n'étais ni indocile ni cruel; désormais, je vivrai avec toi dans une intimité plus douce, dans une tendresse sans défiance.

Et, tandis que le matou ronronnait dans la chaleur du feu défaillant, penché sur lui, je murmurai à demi-voix, comme une invocation religieuse, ton beau sonnet, ô Jules Lemaître, doux ami des chats et de moi-même :

> Mon chat, hôte sacré de ma vieille maison,
> De ton dos électrique arrondis la souplesse,
> Viens te pelotonner sur mes genoux, et laisse
> Que je plonge mes doigts dans ta chaude toison.
>
> Ferme à demi, les reins émus d'un long frisson,
> Ton œil vert qui me raille et pourtant me caresse,
> Ton œil vert semé d'or qui, chargé de paresse,
> M'observe d'ironique et bénigne façon.

Tu n'as jamais connu, philosophe, ô vieux frère,
La fidélité sotte et bruyante du chien ;
Tu m'aimes cependant, et mon cœur le sent bien.

Ton amour clairvoyant et peut-être éphémère
Me plaît ; et je salue en toi, calme penseur,
Deux exquises vertus : scepticisme et douceur.

CHAPITRE II

LES DOMPTEURS

Le « travail » des dompteurs est certainement un des spectacles qui donnent la plus haute idée de la supériorité de l'homme sur les animaux.

Des esprits chagrins ont opposé à cette royauté d'Adam la candidature du lion. A la ménagerie, on voit les deux concurrents en présence. Le lion a une gueule et des griffes formidables. L'homme n'a qu'une paire de bottes et une cravache. Pourtant, c'est le lion qui saute, que dis-je? qui monte à cheval! Ce passage du félin au travers d'un cerceau de papier tranche au profit de l'humanité la question en litige. On sort de ces représentations la tête haute, le cœur gonflé d'orgueil.

En dehors de cette satisfaction philosophique, la visite d'une ménagerie est un divertissement de premier choix.

Vous pénétrez dans une baraque obscure, où flotte une forte odeur de charogne. D'abord, les yeux distinguent mal, derrière les barreaux des cages, d'étranges formes de sphinx étendus, accroupis, dans des poses de rêves et de sommeil hiératiques. Mais tout à coup la rampe de gaz s'allume. Deux belluaires, sanglants comme des valets de bourreau, apportent sur une civière des quartiers de cheval jaunes et violets. Un troisième personnage les accompagne qui tient un croc à la main :

— Le repas des animaux! crie-t-il d'une voix de bonisseur. Ce souper se compose de trois cents kilogrammes de viande. Les personnes désireuses d'assister à la distribution sont priées d'appuyer un peu sur la droite.

Vous suivez le croc, la civière et le monde.

Il semble qu'un vent de révolte vienne de souffler sur la ménagerie, — tout à l'heure gisante et ensommeillée. Un hurlement s'élève où sont toutes les notes du désert. Pour accroître la colère des fauves, les valets tendent des crocs vides. Les lions se jettent dessus, fous, sans voir qu'on les trompe. Avec des gestes de chats, ils glissent leurs pattes entre les barreaux, pour saisir la proie. Ils écrasent à la grille leurs mufles et leurs crinières. Leur haleine, soufflée avec rage, s'élève en colonnes de fumée qui font envoler le son des litières. Ils rugissent, ils bavent de désir. Ils attirent à eux les quartiers de viande plus épais que la largeur des grilles, mais qui finissent par céder avec des souplesses tremblantes. Puis, quand ils tiennent leur

Les Dompteurs.

butin, avant de le déchirer, ils se couchent dessus, avec un petit râle de spasme, — l'épuisement du plaisir après la colère.

A côté d'eux, le loup danse et pousse de lamentables abois. Les tigres vont et viennent, agités, fantomatiques, des lueurs de lapis dans les prunelles.

L'ours attend son morceau de pain, silencieux.

Et dans le decrescendo des grognements de plaisir, lentement, par degrés, la ménagerie s'apaise, s'assoupit, avec des lèchements de babines, des soupirs de faim soulagés sur les lits de son.

C'est la minute que le dompteur ou la dompteuse choisissent pour paraître dans les cages.

Les femmes entrent la gorge et les bras nus. Les hommes hésitent entre le frac du gentleman et l'habit rouge du horse-guard.

Comme il faut graduer savamment l'émotion du spectateur, la représentation s'ouvre par les exercices de l'ours blanc. Un valet, avec son croc, fait glisser la cloison protectrice. Le dompteur reçoit sa bête, la cravache haute.

— Entrez, Pierrot. — (Tous les ours blancs s'appellent Pierrot, depuis que le pôle Nord est inventé.) — Allons! paresseux, sautez! faites le beau! Encore une fois! Une barrière pour Pierrot! Eh bien, je vous attends! Plus haut! Pierrot, plus haut! (*L'étrange bête balance son cou de serpent et tout d'un coup s'élance.*) Parfaitement! Maintenant, Pierrot, nous allons voir si vous êtes poltron. En joue! Pan! (*Le dompteur tire un coup de pistolet. L'ours remue sa tête avec inquiétude.*) Ça suffit, mon ami, vous êtes libre. Messieurs, mesdames, il n'y a qu'une chose que Pierrot ne puisse pas souffrir, c'est l'odeur de la poudre.

Puis c'est le tour de Sarah, la hyène, qui vient, de sa démarche clopante, l'œil louche des oiseaux de ténèbres, flairer les bottes du maître et prendre un morceau de sucre entre ses dents. Bien vite, elle va se tapir dans un coin, dès que paraît Mignonne, la panthère. Celle-là travaille avec des grâces de danseuse. Elle passe à droite, à gauche, par-dessus le dos du dompteur. Elle se laisse enlever de terre par les oreilles. Elle baise son maître près de la nuque, dans le cou.

Mais tout ceci, ce sont jeux de petits enfants, bagatelles de la porte ; le spectacle attendu, c'est l'apparition du lion.

Il entre en grand premier rôle, franchement, presque impatient de se montrer. Sa femelle le suit. Le couple devait être beau à voir, au temps de ses amours fauves, dans la solitude africaine.

Aujourd'hui, c'est l'esclavage accepté. La révolte et l'espérance sont finies. Le lion regarde son maître, il a l'air de dire :

— Qu'est-ce que tu veux? que je montre mes griffes? voilà. — Que je fasse le mort? Plût à Dieu que je le fusse! Tu t'étends sur moi, comme sur une descente de lit, tu invites Aïda à venir partager ta couche. Dormez côte à côte. Au temps de ma liberté, j'ai égorgé un lion à crinière noire, qui avait rôdé autour de notre antre. Et maintenant, fais à volonté l'obscurité ou la lumière, tire ton pistolet, tes fusées d'étincelles. Je n'ai pas plus peur du feu que je n'avais peur de la bataille, avant que le piège, où l'on m'a pris pour toi, m'eût cassé les reins.

Comme il convient de couper de quelques éclats de rire ce monologue tragique, le dompteur fait entrer son pitre ordinaire, le pauvre petit ours savoyard, gaieté des bonnes et des enfants.

La société du lion lui est insupportable. Il veut bien danser, dire oui, dire non, porter arme, il ne peut pas souffrir le tête-à-tête avec le roi du désert qui a la manie de le recevoir du haut de son rugissement. Mais on a bien le temps de prendre son avis et de s'informer de ses goûts !

Déjà le dompteur, impatient de son retard, l'interpelle et le gourmande.

— Entrez donc, La Grandeur, entrez, mon petit ami, vous êtes toujours le premier après les autres; prenez donc un air plus gai, un peu plus aimable. Vous êtes en société. Nous avons été chercher vos amitiés. Voilà votre camarade Sultan qui ne demande

pas mieux que de jouer avec vous une partie de main chaude. (*Le dompteur prend l'ours par l'oreille et le traîne vers le lion qui piaffe, la griffe menaçante, étendue.*) — Eh! mais, qu'y a-t-il donc, La Grandeur, vous commencez à trembler? N'ayez donc pas peur, mon bonhomme. Voyez comme Sultan est convenable, il a toujours le sourire sur les lèvres.

Je plains sincèrement les personnes que ce comique d'ours ne divertit pas. Moi, qui le goûte dans sa délicatesse, je puis vous affirmer que je n'ai jamais passé devant une ménagerie sans gravir l'escalier du bureau. De là, les belles relations que j'ai à l'heure qu'il est dans le monde des dompteurs, Bidel, Pezon, Nouma-Hava et compagnie.

Il y a déjà deux ou trois ans que j'ai fait bonne connaissance avec Pezon. Il mariait une de ses filles à un fort gars, dont le nom ne me revient pas, mais qui avait déjà reçu dans les cages le baptême du sang. La noce avait lieu à Saint-Mandé, au Salon des Familles. On avait convié à ces agapes tous les dompteurs et toutes les dompteuses du royaume. Ils n'avaient cru devoir revêtir, — et dans mon for intérieur je le regrettais bien, — ni leurs pourpoints pailletés ni leurs bottes à l'écuyère. Ils portaient tous le frac et les gants mauves. Nous étions, à table, en me comptant, une trentaine de belluaires. J'avais à ma droite un monsieur très brun, moustachu comme Victor-Emmanuel, et qui, depuis, a été mangé dans une foire du Midi. Je puis affirmer que ce dompteur, ainsi que la plupart de ses camarades, dévorait lui-même à belles dents, et je n'aurais pas voulu me trouver entre ses crocs.

On ne servit à la noce ni gigots d'ours ni chaud-froid de lion, mais les vins coulèrent en abondance, et, au dessert, toutes les langues étaient déliées.

C'est ainsi que j'eus l'occasion de constater que ces hommes farouches sont dans l'intimité familiale les plus sensibles des humains. Jamais de ma vie je n'ai tant embrassé qu'à cette noce fauve, fraternellement, à la façon des héros et des héroïnes homériques dont j'avais certainement sous les yeux les derniers exemples.

Jugez-en :

Outre un sac d'écus d'or bien reluisants au soleil, la jeune mariée entrait en ménagerie, — pardon, en ménage, — avec une dot de quatre lions. Un ami de la famille lui avait offert en présent nuptial une petite panthère de Java.

Le parrain s'était fendu d'un couple de serpents à sonnettes; le frère du marié avait mis dans la corbeille un lapin adulte et sans poil, curiosité inconnue jusqu'à ce jour.

.....Vous qui cherchez un moyen d'entretenir dans vos membres l'éternelle jeunesse, mettez-vous donc un peu à dompter des lions; la bave de leurs colères doit être la vraie fontaine de Jouvence.

Voilà Jean-Baptiste Pezon : il a soixante-trois ans sonnés, et pourtant on dirait que des racines, de noueuses racines de chêne, sortent de ses bottes pour l'attacher au sol, le planter aussi droit sur ses hanches inébranlables. Et pas un poil gris ne se mêle à l'étrange chevelure noire qui lui descend jusqu'aux épaules, à la mode de notre confrère Cladel, avec qui Jean-Baptiste a une ressemblance de ménechme. Seulement, le masque du dompteur a autrement de relief que celui de l'homme de lettres. Cladel a tout au plus l'air d'un berger ; Pezon a bien la mine d'un meneur de loups.

Et c'est en effet par cette partie que Jean-Baptiste a commencé sa vie d'aventures. Né dans la Lozère, il est descendu tout petit enfant dans les mines et s'y est façonné d'abord aux rudes besognes de biceps; mais il portait dans son cœur le rêve des errants : il voulait l'espace illimité devant ses jambes nerveuses, le plafond du ciel sur sa tête. Pour ne plus descendre sous la terre, il se fit valet de ferme. Pendant des années, il fut célèbre en son pays comme dompteur de bêtes révoltées : les vaches furieuses, les chevaux, les taureaux s'assouplissaient entre ses mains. Et c'était autant par l'audace que par la force qu'il contraignait ces bêtes à l'obéissance. Avec cela il était chasseur. Or, un jour qu'il avait pris au piège un loup vivant, l'idée lui vint de jeter là son collier de valetaille pour battre avec ce compagnon les grands chemins du monde. Le loup apprit à « porter arme », à marcher sur ses pattes de derrière, à faire, avec une sébile, « le tour de la société ». Quand assez de gros sous eurent été recueillis dans ces quêtes, Jean-Baptiste s'adjoignit un autre loup, puis un ours, puis un taureau qu'il attela à sa voiture, et, dans cet équipage, il fit, — c'est lui qui parle, — « le tour de France et des puissances ».

Un peu plus tard, le dompteur achetait son premier lion à Bordeaux. C'était une bête de crinière superbe, à qui le piège avait abîmé l'arrière-train. Jean-Baptiste se présenta à trois heures du matin au bord du capitaine vendeur, pour prendre livraison de son lion.

— Mais comment allez-vous l'emmener? demanda le marin en glissant les deux cents louis dans sa poche. Vous n'avez pas de cage avec vous?

— J'ai apporté un collier et une chaîne, répondit Pezon.

Il entrava son fauve comme un petit ours savoyard, et le conduisit en laisse jusqu'à sa maison.

Aujourd'hui, Pezon possède, tant adultes que petits, au moins une trentaine de lions. Il s'est bâti une belle maison à Montreuil. Il songe à donner sa représentation d'adieux.

La fortune du camarade et rival de Pezon, Bidel, a été encore plus rapide. A cinquante ans, il est arrivé au faîte de la richesse et des honneurs. Sa carte de visite, que j'ai là sous les yeux, résume mieux que je ne ferais cette succession d'événements heureux qui ont élevé le dompteur à cette situation unique :

FRANÇOIS BIDEL
CHEVALIER DE LA VALEUR CIVILE ITALIENNE
PRÉSIDENT DE L'UNION MUTUELLE
DIRECTEUR D'UN GRAND ÉTABLISSEMENT ZOOLOGIQUE

Et dans l'angle gauche de la carte, là où vous mettez votre adresse, ce seul mot : *Propriétaire*.

Ne souriez point, Bidel a le droit d'être fier de sa villa d'Asnières. Pour lui, après tant d'années roulées à travers le monde, ce mot de « propriétaire », c'est l'ancre jetée, le port; c'est le certificat authentique de bourgeoisie.

Bidel n'est pas seulement un des gros bourgeois d'Asnières, on peut dire qu'il en est le châtelain. Derrière sa grille dorée rehaussée de têtes de lion, avec sa maison de portier à gauche, ses écuries à droite, sa belle étendue de pelouse, la villa de briques roses et blanches prend des allures de castel. Dans la salle à manger, en panneaux, des lions peints par Rosa Bonheur; mais c'est là le seul détail qui pourrait donner à penser, — si l'on n'était pas prévenu, — que l'on visite l'habitation d'un patron de fauves.

Je suis sûr, bonnes gens, que vous imaginez un Bidel terminant ses jours dans un appartement encombré des dépouilles du lion de Némée et des tigres indiens? Que vous voilà loin de compte! Ne savez-vous pas qu'une loi d'ironie gouverne les désirs des hommes, les désirs des dompteurs comme les nôtres? On l'appelle la loi des contrastes. En vertu de cette norme, M. François Bidel s'est meublé un salon du plus pur Louis XV, dont le plafond, les panneaux, les sièges racontent dans des tons d'étoffes éteintes des

tendresses de bergers; l'idylle et les amours fleurissent aux quatre coins de cette jolie pièce.

Il n'y a que le piano de mademoiselle Bidel qui ne soit point du temps.

Vous avez peut-être entrevu un jour de grande représentation, à la caisse, près de sa mère, cette charmante jeune fille. Elle a tout juste autant de sang romanichel qu'il en faut dans les veines pour donner à sa beauté brune un éclat un peu exotique. Naturellement, cette jolie personne est une héritière. Son éducation et son instruction sont parfaites. Elle s'est présentée aux examens de l'Hôtel de ville.

— Bien entendu, m'a dit négligemment madame Bidel, notre fille n'avait pas l'intention d'enseigner, mais c'était une satisfaction morale pour son père.

On ne conquiert point tout ce bien-être et ce luxe sans avoir livré de rudes batailles avec les lions.

Bidel comme Pezon a passé au laminoir des griffes ; ils peuvent faire voir la « furieuse blessure » aux sceptiques qui nient le péril de leurs exercices.

On fait courir sur le secret des dompteurs une foule d'histoires chimériques. Celle-ci, par exemple : qu'il est d'usage de mêler des narcotiques aux viandes des repas, ou encore de donner aux fauves les fâcheuses habitudes qui conduisirent le célèbre Charlot à un trépas prématuré.

La vérité, c'est qu'un certain nombre, — un très petit nombre, — de fauves de ménagerie sont considérablement abrutis. Guy de Maupassant m'a raconté qu'à Rouen, un dompteur, ayant perdu son valet, prit sur le port un homme de bonne volonté auquel il confia le soin de nettoyer les cages. Le lendemain, en pénétrant dans la ménagerie, le maître belluaire demeura stupéfait. Son nouveau domestique était tranquillement entré dans la cage comme dans une stalle, et il frappait le lion à grands coups de manche à balai pour nettoyer entre ses pattes.

De même aux Folies-Bergère, on nous a autrefois exhibé une lionne que le colonel Bone promenait à travers le monde. Cet animal était si farouche qu'il fallait l'enchaîner dans la cage avec un collier de fer. Quand le colonel passait seulement dans son voisinage, elle se lançait contre les barreaux avec une telle furie, que tout le chariot tremblait. Or, un jour, un des administrateurs du théâtre, inspectant les coulisses, fut témoin du spectacle suivant : le domestique du colonel, installé dans la cage, peignait tranquillement un fond de savane sur une toile étendue. La lionne, détachée, le regardait faire, comme un chien qui guette un pêcheur, et, de temps en temps, à la dérobée, elle léchait la peinture verte, ce qui lui occasionna des coliques de miséréré dont elle faillit bien aller rugir dans l'autre monde.

Moi qui vous parle, j'ai pénétré, tout dernièrement, dans la cage d'un lion à crinière noire. Oh! ne criez pas à l'héroïsme. Beaucoup de gens ont fait cette visite au roi captif des déserts : d'abord Tartarin, puis tous les Marseillais, puis mademoiselle Roselia Rousseil qui, en pareille occasion, dédia à Bidel une pièce de poésie intitulée : *la Mort du lion, ou le Dompteur par amour,* laquelle commence par ces vers :

> C'est un vaillant dompteur, jamais il ne recule.
> Son corps semble pétri par les dieux ; l'on croit voir
> La grâce d'Apollon dans la force d'Hercule.
> Pour moi, j'aime surtout son grand œil doux si noir.

Je n'étais pas venu trouver le lion pour lui réciter des vers. Je voulais seulement lui être présenté, puisque je savais que j'aurais à vous parler de lui. C'était, de ma part, un scrupule d'honnêteté professionnelle.

Voici donc comment l'entrevue se passa, sans « galéjade » :

Le dompteur, avec qui j'avais eu un petit entretien préalable, répondait de la casse.

— Vous attendrez, m'avait-il dit, dans l'entre-bâillement de la porte jusqu'à ce que je vous appelle.

Lui-même s'introduisit familièrement dans la cage, et comme le lion dormait, il le tira par les oreilles. Quand la bête, qui avait

rogné, fut assise sur son séant et parut rassérénée, mon
on me cria :

rez, maintenant !

i par le fond, deux pas en avant, de façon à rester plus
a porte que du lion. Je dois avouer que le roi du désert ne

as l'honneur de tourner la tête. Il causait avec son domp-
s messieurs me laissèrent debout. J'avais l'air d'un bottier
t chercher une commande chez un grand seigneur.
ime est lâche. Le mépris du lion m'enhardit. Je m'avançai
l'un pas, de façon à toucher la cuisse du fauve.
i! fis-je, comme c'est soyeux !

Ce n'était pas soyeux du tout, c'était abominablement rude.

Depuis, j'ai réfléchi au sentiment qui avait bien pu me porter à proférer ce mensonge, et le résultat de cette méditation est si humiliant, que je veux vous le confier, par pénitence. Au fond, « comme c'est soyeux ! » était un mot de basse flatterie, un compliment de courtisan, la flagornerie d'un poltron qui se sentait plus près du lion que de la porte.

Les personnes plus audacieuses qui mettent deux ou trois fois par jour la tête dans la gueule des lions m'ont toutes conté que le meilleur moyen de la retirer de ce gouffre était d'abord de ne pas commencer la connaissance par cet exercice, ensuite de l'exécuter en toute confiance.

La confiance, c'est tout le prestige du dompteur, le motif de son autorité sur ses bêtes. Quand il a longuement étudié un sujet, pour tâcher de surprendre son caractère, — et chez ces animaux supérieurs le caractère est très individuel, très accentué, — un beau matin, l'homme entre tranquillement dans la cage. Il faut frapper la bête d'étonnement, s'imposer tout de suite. Quant au dressage, il consiste, — je répète là le mot d'un homme expert en la matière, — *à commander au lion les exercices qui lui plaisent,* c'est-à-dire à lui faire exécuter sous le fouet les sauts qu'il risque à l'état de liberté.

Et ce que l'on ne soupçonnerait point, c'est que le lion pris au piège en son âge d'adulte est plus facile à dresser que la bête née en ménagerie. Ce lion de baraque se trouve dans le cas des chiens de chasse avec qui des enfants jouent ; il est vite perdu pour le chasseur. Pezon possède cinq ou six de ces lions élevés au biberon ; ils vivent avec tout le personnel de la ménagerie dans une familiarité qu'interrompent constamment des accidents tragiques.

Les lions, même les lions de la foire, ça vous dévore galamment un homme.

Dirai-je que la crainte de cet accident soit assez vive pour m'avoir fait hésiter au seuil des ménageries ? Non. Je nourris, vous nourrissez comme moi, l'espoir qu'un jour nous verrons peut-être manger un dompteur. C'est une aventure qui arrive quelquefois, plus souvent qu'on ne croit. Ainsi, sans sortir de la ménagerie Pezon, il n'y a pas un an que, à Châlons-sur-Marne, le patron a failli être dévoré par son ours Groom. Il y serait resté si son fils, Adrien Pezon, ne s'était jeté, le sabre à la main, entre les deux combattants, et n'avait tué l'ours sur la place. Cet acte d'héroïsme

a même été célébré par le barde Constant Robert dans des alexandrins bien remarquables, qui méritent de passer à la postérité :

> L'assistance appelait au secours, et l'horreur
> Qui s'empara soudain de chaque spectateur
> Ne saurait se décrire ! On était dans l'attente,
> Sans pouvoir l'éviter, d'une mort imminente !
> Lorsqu'au moment critique, intrépide, haletant,
> Un lion apparaît sous les traits d'un enfant !
> Son fils et son élève !... Adrien ! Oui, lui-même !

Quant à Bidel, tout le monde se souvient qu'au mois de juillet 1886, à la foire de Neuilly, un lion lui a labouré tout un côté de la gorge.

Parmi les spectateurs de ce duel, j'avais deux amis : le peintre Édouard Detaille et mon cher camarade Paul Hervieu.

Le soir même, en rentrant, tandis que son impression était toute fraîche, Detaille traça un croquis rapide de l'empoignement de l'homme et du lion. Il a bien voulu m'autoriser à faire reproduire cette esquisse qu'on vous montre ici dans la page. L'impression est celle du chat qui joue avec un oiseau. Du collet à la taille, la redingote de Bidel est déchirée par le coup de griffe en fines lanières qui montrent la doublure de chair.

De son côté, Paul Hervieu a eu la grâce de rédiger pour moi les notes précieuses que vous allez lire; il me les a adressées sous la forme d'une lettre qui a été publiée dans le *Monde illustré*.

« ...L'accident s'est accompli, un soir de juillet 1886, à la foire de Neuilly. C'était par un temps lourd et orageux, et le dompteur avait un pied podagre et emmailloté.

« Les exercices, toutefois, touchaient à leur fin, et l'on pouvait penser que tout allait bientôt être bien terminé, malgré la voix et les attitudes, selon l'ordinaire, récalcitrantes du lion Sultan, un beau brun (car les lionnes, qui, je crois, sont toutes blondes comme Ève, peuvent choisir entre les crinières brunes ou les crinières blondes parmi les seigneurs à la grosse tête).

« Tout à coup, Bidel tomba, s'étant embarrassé dans son épieu à deux pointes de fer émoussées et en ayant ainsi reçu une sorte de croc-en-jambe. Toute l'assistance jeta un cri bref. Puis un mortel silence s'établit aussitôt sous la vaste tente de la ménagerie, un tel silence qu'on entendait susurrer les becs de gaz.

« Je n'oublierai jamais le regard de l'homme à l'instant où il perdit l'équilibre. Je vois encore le globe des yeux saillir, tout blanc, hors des traits congestionnés par la goutte et par la rudesse des efforts précédents. C'était l'expression de celui qui se sent perdu, qui s'abîme dans un gouffre...

« Maintenant, le dompteur gisait sur le plancher de sa cage comme une masse, sans un geste, sans un cri d'appel. Il ne cherchait pas à se relever, probablement par une tactique de son expérience; mais il semblait avoir le temps de le faire, car le lion, à quelques mètres, restait encore accroupi.

« Peut-être avez-vous quelque désir, mon cher Le Roux, que je précise la nature d'émotion dont un témoin oculaire est saisi en une pareille occurrence? Cette émotion est certainement multiforme. Ainsi, moi, soyez convaincu que j'étais désolé, consterné, que je déplorais d'être venu là, en ce soir funeste... D'autre part, si vous n'y voyez pas d'inconvénient, je vous apprendrai que j'étais en compagnie d'un ami, d'une espèce d'inséparable très curieux de sensations rares.

« Or, cet ami m'a confessé, par la suite, qu'il avait éprouvé, dans le temps où le lion restait immobile, une chose... comment dirai-je?... Enfin, c'était comme une envie féroce qu'il se passât quelque imprévu, comme une impatience monstrueuse...

« Et je veux me persuader, pour l'excuse de mon ami, qu'il n'était pas seul à ressentir un abominable et vague désir qui me paraît bien avoir marqué son empreinte fugitive autour de moi, sur toutes les figures pâlies dont j'évoque aujourd'hui le souvenir ; — par exemple, celle d'une petite femme rousse, au bras de son mari, qui mangeait sa lèvre inférieure, et, sans pitié, grimpait sur mes pieds. Sans pitié, en tout cas, pour mes pieds.

« Enfin, le lion se mit sur ses quatre pattes, et, sans avancer encore, contempla son maître inerte avec une extrême méfiance, pour ce bloc à coups de fouet « ne lui disant rien qui vaille ». Une seconde s'écoula ainsi, ou un siècle, je ne saurais préciser. Puis, Sultan effectua vers ce qu'il commençait à envisager telle qu'une proie offerte, deux petits pas furtifs... deux pas de chat prudent et intrigué... puis encore deux nouveaux petits pas. Et alors, il posa sur une épaule du dompteur une de ses lourdes pattes, mais sans méchanceté, par mesure d'ordre plutôt, comme nous assurons de la main un cahier qui risque d'être volé.

« En interprétant ainsi ce qui se passait « dans la nuit qu'un lion a pour âme », suivant le vers de Victor Hugo, j'ai, du moins, la flatteuse satisfaction de me rencontrer avec l'impression qu'Édouard Detaille a saisie de son œil de grand peintre.

« Ah! mon cher Hugues Le Roux, ce qu'il n'appartenait pas au crayon de l'illustre artiste de vous représenter, et ce que ne feraient revivre les ressources d'aucune plume, c'est le tumulte épouvantable qui, dans la salle jusqu'alors muette, accueillit ce premier acte, après le sombre prologue. Un brouhaha d'enfer! des bruits de chaises qui s'écroulent... des vociférations, des piailleries!...

« Si je m'avisais de composer une physiologie du fauve moderne, dans le cours de la méditation qu'il me faudrait consacrer aux accidents de baraque, je ne manquerais pas de formuler ces axiomes :

« 1º Une spectatrice ne s'évanouit que lorsqu'il n'y a plus rien à regarder...

« 2º Le public des deuxièmes n'attend jamais qu'une occasion pour passer dans les premières...

« Effectivement, en un délai de raison, toutes les palissades furent escaladées.

Sur le bord de la cage les dames écrasaient les messieurs, afin de mieux voir. Et des cris! non, mais des cris!

« Quand se déchaîna toute cette clameur, Sultan tourna la tête vers la multitude qu'il considéra avec une tranquillité vraiment sublime pour un amateur, et que me fit remarquer mon ami. La vivacité de l'éclairage, sans doute, et les miroite-

ments du tohu-bohu faisaient cligner le lion, clignoter. Et cela même ajoutait comme une ombre d'indulgence à sa force. Mais voilà qu'il revint à son captif, à le tourmenter, à le tracasser, à le mordiller plutôt qu'à le mordre. Cela ressemblait au jeu d'un élève qui s'émancipe et qui garde conscience de sa faute. Mais, dame! c'était un jeu de lion. Sultan se remuait, dans de petits sauts, les quatre pattes ensemble, présentant son arrière-train à la galerie, hochant sa gueule pleine d'on ne savait quoi... peut-être d'une tête humaine!

« Ici, je peux m'en porter garant, mon cher Le Roux, ceux qui, au début, avaient pu partager le souhait infâme et heureusement indéfini de mon ami, devaient se trouver, comme lui, devant une semblable réalisation de carnage, bien près de défaillir... C'était affreux et insensé. On ne se sentait plus vivre, et l'on ne s'entendait plus hurler. Subitement, le lion lâcha prise et observa fixement le fond de la cage derrière laquelle il avait dû surprendre quelque bruit perceptible seulement par une oreille féline dans ce vacarme de sanglante orgie. Sur ces entrefaites, la porte s'ouvrit brusquement, et deux hommes apparurent, présentant, ainsi que des baïonnettes, de simples barres de fer.

« A cette vue, Sultan recula craintivement, comme un écolier coupable qui a manqué de respect à son principal et que l'arrivée des moniteurs remet au pas. Déjà, il était en retraite, la croupe passée dans la cage voisine et éperonnée par les secousses d'une grille de communication que des garçons maniaient.

« Déjà aussi, on avait relevé Bidel, dont le premier acte, d'une belle énergie, fut de se précipiter contre le lion qui, à présent séparé de son adversaire, regardait celui-ci à travers la claire-voie en portant de droite et de gauche sa tête un peu goguenarde. Un tonnerre de bravos et les « Assez! assez! » arrêtèrent le dompteur, dont la moitié du cou était à vif. De son front, juste entre les yeux, pendait un lambeau rouge. Partout le linge apparaissait sous les trous du drap; la peau des genoux était à nu, mais intacte.

« Après cette scène, tandis que le blessé recevait un premier pansement dans sa voiture foraine, l'attention générale restait à Sultan, rentré en compagnie de son camarade Néron, — le lion blond, — qui, languissamment allongé, digérait sa ration habituelle de viande et de coups. Mais le lion brun, lui, ne se coucha pas; il se promenait sans trêve, agité, les narines orgueilleuses, humant en l'air des odeurs. La mèche de sa queue fouettait tour à tour ses deux flancs. Et chaque fois qu'il passait à proximité de la gueule de Néron, ce dernier léchait fraternellement une tache pourpre et caillée, que le dégustateur de sang d'homme gardait encore à un de ses gros orteils.

« A ce moment une voix discordante murmura dans la foule, près de mon oreille :

« — Moà, j'étais pértisan du lione! »

« En me retournant, je fus en présence d'un être hâve, grand comme une perche, imberbe, ridé, sans âge appréciable, et bien sale. Dans l'état de nervosité où je me trouvais, une influence superstitieuse me fit d'abord croire que j'étais en face de l'Anglais, dont c'est la profession de suivre les dompteurs jusqu'à ce qu'il n'en reste plus un gigot.

« Toutefois, j'ai lieu de croire aujourd'hui que cet interlocuteur d'occasion n'a jamais rien eu de commun avec le lord légendaire. Et le *lione* dont il était *pértisan* devait être la plus convenable des relations auxquelles il pût se raccrocher.

J'ai revu, en effet, ce particulier dans le coin des bookmakers, sur l'hippodrome de Longchamps; et voici le métier qu'il y faisait : supposez une course de six chevaux; il avisait six benêts et leur murmurait successivement, aussi près que possible du tympan, à chacun un nom de champion différent. Après le résultat, il relançait celui de ses auditeurs que le hasard avait favorisé et lui carottait une récompense.

« Méfions-nous donc, mon cher Hugues Le Roux, des nouvelles connaissances que nous pourrions faire, même sous le patronage d'un lion; mais fondons-nous sur les amitiés vieilles comme celles que vous envoie votre

« Paul HERVIEU. »

J'ai tenu à citer, presque dans son entier, cette lettre d'un artiste qui a, — comme le lion, — bon œil et griffes de velours, d'abord parce que je suis sûr qu'elle vous a vivement intéressés, — ensuite parce qu'elle m'a ravi, — troisièmement, parce qu'elle est une bonne preuve qu'il y avait péril à fréquenter chez ce lion banquiste que j'ai été « interviewer » dans sa cage, pour votre plaisir. Je ne cherche pas à passer à vos yeux pour un héros tarasconais, mais je ne veux pas non plus que vous me teniez pour Pantalon de la comédie italienne.

CHAPITRE III

LES ÉCUYERS

J'ai dans ma mémoire d'enfant provincial le souvenir d'une fête annuelle, bruyante, merveilleuse, dont je vois encore, quand je ferme les yeux, les lampions allumés.

Tous les ans, à la Saint-Michel, au mois où le ciel clair se tache d'écouffles, sur une place de la vieille ville, au bord de la route pavée par où s'en allaient jadis avec de sonores claquements de fouet les diligences de Paris, s'élevait, en quelques jours, un palais de planches neuves, léger comme un château de cartes. Sur toutes les murailles de monstrueuses affiches, annonçant l'arrivée d'un grand cirque, alignaient cinquante chevaux sous cent cinquante artistes.

Et, pendant des semaines, nos cœurs de collégiens, d'avance, étaient profondément troublés. Tous les jours, après la classe, nos livres sous le bras, en promenade d'école buissonnière, nous allions renifler dans l'entre-bâillement des portes d'écurie cet enivrant parfum de manège, odeurs des chevaux, mêlées de senteurs de sciure fraîche, traversées d'effluves de musc qui enivrent les cerveaux d'hommes. Et aussi, par les écarts des planches mal emboîtées, nous surprenions, dans le demi-jour du cirque, la grise répétition des belles écuyères, — pour qui battaient nos cœurs d'enfants, naïfs et courageux comme des cœurs de chevaux.

Enfin, un beau matin, les passants pouvaient lire sur l'affiche l'annonce d'une représentation de gala. « Le corps enseignant et MM. les élèves du lycée devaient honorer de leur présence cette séance extraordinaire. »

C'est un de ces soirs-là, il y aura tantôt une vingtaine d'années, que je l'ai vue pour la première fois, avant ses succès de Paris et de Vienne, quand elle débutait dans la haute école et jouait une pantomime déguisée en Prince Charmant avec sa sœur Clotilde, — aujourd'hui princesse hongroise, — c'est là, dis-je, que je l'ai vue tout d'abord et aimée, la pauvre Émilie Loisset, dont Philippe Daryl a conté la touchante histoire dans son beau roman *La petite Lambton*. Émilie avait alors tout au plus dix-huit ans, et c'était bien la créature la plus gracieuse du monde. Une surprenante mélancolie régnait sur tout son visage et dans ses yeux. J'ai su par la suite que les succès les plus flatteurs n'avaient pu triompher de cette défiance de la vie, de ce goût romanesque de tristesse, qui, dans les derniers temps, avait fait louer à Émilie une villa juste en face du petit cimetière de Maisons-Laffitte.

C'est là qu'elle a été enterrée, le surlendemain du jour où on l'avait emportée du cirque, meurtrie, éventrée, écrasée par la chute du cheval qui, dans le refus du saut, s'était renversé sur elle.

Qu'on me pardonne, au début de ce chapitre, d'avoir tout d'abord évoqué le mélancolique sourire de celle qui n'est plus. Je devais ce salut à Émilie Loisset ; car c'est grâce à elle que j'ai eu, tout enfant, la révélation troublante de la beauté de la femme à cheval, de cet accouplement plastique des deux curvilignités les plus parfaites de la création : l'étalon, grandissant la femme de toute la majesté de sa stature ; la femme, sur la bête qu'elle monte, audacieusement posée comme une aile.

Le travail a été long qui précède pour l'écuyère et pour le cheval ce mariage harmonieux. Encore que la femme et la bête aient une lente habitude à conquérir ensemble, jusqu'à la correspondance parfaite des volontés et des obéissances, chacun d'eux a fait ses classes isolément, lentement, pour arriver assoupli, sûr de soi-même, à la rencontre des fiançailles.

Il importe de distinguer tout d'abord les nuances de cette éducation : les classes de l'écuyère de haute école ne sont point celles de l'écuyère de panneau, ni les classes du « cheval savant », celles du « cheval de haute école ».

Nous possédons en France le dresseur légendaire des chevaux savants, M. Loyal. Depuis trente-cinq ans il présente au public

ÉMILIE LOISSET.

des chevaux en liberté. Il y a chez M. Franconi une vieille jument de vingt-deux ans, la mère Tulipe, qui a été dressée sous sa chambrière. Il continue de former chaque année des élèves nouveaux et d'élargir le domaine de ses conquêtes. M. Loyal est si sûr de sa supériorité qu'il ne fait point de façons pour livrer son secret. Il m'a souvent invité à ses répétitions. J'y ai rencontré des confrères qui venaient s'instruire comme moi. Un jour même, M. Loyal a donné à l'un de nous un petit travail d'ensemble qui a été publié.

Le cheval, disait en substance le célèbre dresseur, est un des animaux les plus bornés de la création; il n'a qu'une faculté, la mémoire. Partant de là, il faut l'obliger aux exercices avec le caveçon et la chambrière, puis, quand on les lui a logés dans le

souvenir, le cravacher lorsqu'il résiste et lui donner des carottes quand il obéit. Dans ces conditions, tous les chevaux peuvent être dressés, mais il est bien entendu que certaines races, — les chevaux arabes, les chevaux allemands de la Vieille Prusse, — sont plus faciles à instruire que les autres, et que, d'autre part, l'âge de la bête a une importance capitale. Il ne la faut ni trop vieille ni trop jeune : les bonnes éducations se réussissent entre cinq et sept ans. Avant cet âge, le cheval est trop fou, trop nerveux, il s'emballe; après, il n'a plus les muscles assez souples.

L'A B C de l'éducation, c'est d'habituer le cheval à la piste, de le faire régulièrement tourner et de l'arrêter sur un signal. Pour y réussir, M. Loyal amène sa bête dans le cirque, il la loge contre la palissade; lui-même se place au centre. De la main gauche il tient une longe qui a été passée dans le caveçon : — chacun le sait, c'est un demi-cercle en fer, armé d'une pointe aiguë, que l'on place sur le nez du cheval. — Dans sa main droite il tient une chambrière. Derrière l'animal se dissimule un aide avec une forte cravache de manège. Dans cette position, le dresseur fait un appel, puis, tirant légèrement le cheval, il l'oblige à marcher. S'il résiste, l'aide lui applique un coup de fouet; s'il obéit, il reçoit de son maître, après trois ou quatre tours de piste, une carotte comme récompense. Pour obtenir l'arrêt, le dresseur fait brusquement claquer la chambrière devant le nez de son élève, tandis que l'aide se jette au devant de lui.

Même méthode pour le saut. On place le cheval devant un obstacle; du geste et de la voix, on l'encourage à le franchir; s'il refuse, l'aide lui applique sur la croupe une volée de coups de cravache. S'il saute, l'éternelle carotte le récompense.

Pour faire pointer, l'écuyer n'a qu'à se placer carrément devant le cheval et de la main gauche agiter sa cravache, tandis que de la main droite il fait claquer la chambrière.

Mais si ces obéissances sont relativement aisées à obtenir du cheval, il faut un violent effort pour le réduire à s'agenouiller. On est obligé de recourir ici à la surprise. On attache aux deux poignets de devant un bracelet au-dessus du sabot. Une corde y est fixée par un

LA JUMENT TULIPE.

bout; par l'autre elle est tenue dans la main du dresseur. Tout à coup, M. Loyal appelle d'un cri l'attention du cheval, à qui une secousse de la corde et un vigoureux heurt d'épaule font perdre l'aplomb. Au bout d'un peu de temps, au seul cri du maître, le cheval s'agenouille, sans qu'on le fasse trébucher, sans qu'on le pousse.

Après cette conquête, la plus malaisée à remporter sur un cheval en liberté, c'est l'exécution du *changement de pied*. Il faut apporter ici une grande année de patience. On amène l'animal sur la piste, il commence à en faire le tour. L'écuyer le laisse tranquillement fournir sa course, puis, brusquement, d'un coup de chambrière savamment appliqué, il cherche à désunir son allure, c'est-à-dire à lui faire changer de pied. S'il obtient ce résultat, il le laisse galoper un tour ou deux; puis il l'attaque de nouveau pour lui faire reprendre son allure première. Quand le cheval a compris ce qu'il devait faire, au coup de chambrière, au lieu de lui laisser accomplir un tour de piste sur le même pied, on le force à changer au bout d'un demi-tour. Plus tard, on ne lui permet plus qu'un quart de tour à la même allure, puis on ne lui tolère plus que quatre mouvements et enfin deux. C'est alors qu'avec l'accompagnement de la musique, qui suit ses mouvements, l'animal a l'air de danser la polka.

C'est parmi ces chevaux dressés en liberté et déjà assouplis, que l'écuyer choisit d'ordinaire la bête de sang qu'il montera en haute école.

On ne s'attend point à voir discuter, ici, les principes de ce dressage, non point même la théorie de l'équitation de cirque. Je renvoie le lecteur aux traités spéciaux écrits par des hommes de l'art, en particulier au beau livre que l'historien des sports, M. le baron de Vaux, a publié sous le titre : *Les hommes de cheval* (1). Je recommande en particulier la lecture du chapitre consacré aux Franconi. On y verra comment Laurent Franconi enseigna au directeur actuel des deux cirques les principes de l'École de Versailles, mais en dégageant l'équitation des superfluités en vogue au temps de Pluvinel. Laurent Franconi voulait une équitation moins particulière et moins assise. L'introduction en France des chevaux anglais montés dans les chasses, les courses, l'organisation nouvelle de la cavalerie avaient fait comprendre la nécessité de préparer les chevaux à des allures plus franches. On s'avisait enfin que le talent de l'écuyer ne consiste pas seulement à faire parader, à fatiguer inutilement un cheval, pour obtenir des airs relevés, mais bien à calculer les forces de sa monture, à les ménager, à régulariser les allures. On finissait par reconnaître que d'une part le cheval idéal de haute école doit être à l'aise dans son équilibre et ses allures artificielles sous les aides du cavalier, et que, de son côté, le cavalier doit prendre à l'emploi des aides seulement les forces nécessaires au soutien de l'équilibre et à l'exécution des airs de haute école.

---

(1) J. Rothschild, éditeur, 1888.

C'est d'après ces principes que Laurent Franconi a dressé *Blanche, Norma* et *Hector;* — que Victor Franconi, son fils, a dressé *Frisette, Ajax, Waverley* et *Brillante;* — que Charles Franconi, son petit-fils, a formé *Régent* et *Moscou*.

Je me souviens d'avoir assisté au Cirque d'été à une répétition de *Moscou*, monté par mademoiselle Marguerite Dudlay. Le petit cirque vide était tout plein d'une rouge lumière, reflet du soleil d'avril sur les velours des banquettes. Charles Franconi regardait travailler l'écuyère et le cheval. C'était un étalon russe d'une élégance et d'une rondeur de formes admirables; dans ses veines on sentait couler le sang slave, plein de révoltes, de bouillonnements, de passion, de violences, mais vêtues de douceurs feintes, noyées dans la souplesse.

Un écuyer armé d'une chambrière soutenait le cheval devant l'obstacle, toujours plus haut. Sans effort apparent, mademoiselle Dudlay enlevait la grande bête frissonnante. Les cheveux de l'amazone nu-tête s'étaient dénoués par la secousse. Et elle était charmante à voir, dans ses sauts périlleux, avec l'éparpillement, le vol, sur ses épaules, de ses cheveux ondulés.

Au repos de l'exercice, je m'approchai pour lui parler de ses chevaux. Elle ne pensait à eux qu'avec tendresse. Elle ne voulait pas qu'on les grondât. C'étaient ses amis.

— *Moscou* est si distingué! disait-elle en me montrant sa bête qu'un écuyer emmenait toute fumante. Il a de si bonnes manières!

Et elle m'avoua tout bas qu'elle le préférait à *Régent*, un étalon gris, d'allures classiques, bien plus sûr que son camarade, loyal, vigoureux, brave, mais qui remplaçait la câlinerie par une tenue militaire, la raideur correcte d'un officier.

— Je suis sans doute injuste, disait mademoiselle Dudlay, mais que voulez-vous! *Moscou* et moi, nous nous aimons.

Là est le secret de la haute école comme de tout le reste. L'habitude et l'adresse ne suffisent pas, il faut l'amour. C'est par amour des petites mains qui flattent leur cou que les étalons donnent toute leur vigueur en des sursauts qui les épuisent; c'est

par amour qu'ils s'humilient, qu'ils s'agenouillent. Aussi, pour ma part, je ne connais pas de spectacle plus grandiose et tout ensemble plus spiritualiste, de triomphe plus admirable de la volonté sur la force, de l'esprit sur la matière.

Il va sans dire que ces unions d'accord parfait sont l'exception et non la règle. Les petits messieurs en cravate blanche et en habit noir qui encombrent l'entrée de la piste, qui entourent l'écuyère de haute école au moment de sa mise en selle, qui poussent des « Bravo ! » des « Très chic ! » à chacun de ses mouvements, et qui espèrent, par cet empressement, par ces exclamations, se donner aux yeux des badauds une couleur d'hommes de cheval, n'imaginent pas de quelle duperie ils sont victimes, dix-neuf fois sur vingt.

Il y a, en effet, deux catégories très différentes d'écuyères de haute école, d'abord les femmes, les filles et les sœurs des directeurs de cirques, que l'on met de bonne heure sur un cheval dressé dans la maison. Disons tout bas que ces sujets sont presque toujours, — le mot est de M. Molier, — les fruits secs du panneau. Il arrive aussi dans l'occasion qu'un directeur bien renté qui songe à marier ses filles bourgeoisement, — ou même princièrement, — hésite à exhiber la jeune fille dans la demi-nudité du maillot. Il a peur d'effaroucher le futur époux. Ç'a été le cas pour des écuyères accomplies, comme feu Émilie Loisset, et, présentement, mademoiselle Renz.

Dans la règle, l'écuyère de haute école est une jolie fille qui désire se produire dans un cirque et qui a trouvé un complice de sa vanité. Il faut que ce complice soit riche, très riche. L'écuyère en question doit amener avec elle un bagage de trois chevaux dressés : deux chevaux de haute école et un sauteur. Ce jeu de chevaux coûte très cher. On ne rencontre guère que dans les cirques un cheval prêt à travailler sous une femme. Ce commerce est même une spécialité des cirques allemands. On y trouve à vendre de vieux chevaux de haute école, réglés comme des pendules, au prix de dix à quinze mille francs. La valeur du cheval peut monter jusqu'à vingt mille francs, s'il a une belle queue.

Il suffit de quelques semaines de travail pour « adapter », — encore un mot de M. Molier, à qui je dois la révélation de tous ces secrets, — une très médiocre écuyère sur l'un de ces chevaux

mécaniques. La bête, gênée par sa mauvaise amazone qui ballotte sur la selle, n'exécute pas sous elle la moitié du travail que l'homme lui a enseigné. Mais le gros public n'y voit rien, et les sportsmen d'occasion qui garnissent l'entrée de la piste ouvrent des yeux admiratifs, quand la jolie demoiselle leur affirme, du haut de la selle, qu'elle-même a dressé son cheval.

La franchise de ces explications peut me faire beaucoup de belles

ennemies. Du moins, doit-elle vous rassurer sur la sincérité de l'admiration et du respect que je professe pour les *écuyères de panneau* ou *écuyères debout*.

Il semble qu'au cirque la vertu des femmes soit en proportion inverse de la longueur de leurs jupes : l'amazone est suspecte, le cotillon de mousseline voltige au-dessus des cancans et de la médisance.

Mariée très jeune à un artiste de cirque, l'écuyère « debout » est généralement une ménagère excellente, une épouse modèle. Tant que la maternité ne l'en empêche point, elle partage les exercices périlleux de son mari. Avec lui, elle se démet, elle se casse bravement bras et jambes. Elle recommence son travail à peine rétablie. Son éducation de cirque est complète. On l'a mise à cheval à six ans. En dehors de son travail debout, — le plus difficile de tous, — on lui a enseigné la mimique, le fil de fer, la jonglerie, la gymnastique, quelquefois même le « tapis ». Je ne parle pas de la haute école. L'écuyère « debout » est si sûre de son équilibre, elle a du cheval un tel usage, qu'elle monte en amazone presque sans instruction particulière. Elle pourrait se produire en écuyère de haute école après quelques jours de répétition.

Mais, entre toutes les études nécessaires à l'instruction d'une écuyère de panneau, il en est une fondamentale, primordiale, où elle passe autant de temps qu'au manège : c'est la danse. L'écuyère fait toutes ses classes de danseuse comme un sujet d'opéra. C'est la danse qui lui pose les pieds et les genoux en dehors, qui lui met en place la tête et les bras, qui lui donne l'équilibre et la grâce. Il y a des exemples de danseuses, rompues à l'exercice de leur art, qui ont appris en une seule année de travail à monter debout.

Le cheval de l'écuyère de panneau doit être un animal sûr, d'allures bien liées. La régularité de son mouvement est si importante, qu'aujourd'hui les écuyères en vogue possèdent leurs chevaux dont elles imposent l'engagement aux directeurs de cirques. C'est une bonne précaution. Je me souviens, un jour, au Cirque d'été, d'avoir vu mademoiselle Adèle Rossi se battre avec un grand cheval pie qui avait remplacé sa monture ordinaire. Elle se produisait en jockey, debout et bottée, dans un travail de voltige, où elle était d'une grâce et d'une crânerie charmantes. Elle pre-

nait son élan de l'arène, s'élançait debout sur le cheval au galop. Celui-ci, chaque fois qu'il voyait l'écuyère bondir, s'effrayait et changeait de pied. Cela produisait un mouvement brusque d'épaule qui renvoyait mademoiselle Rossi dans l'arène. La jeune fille dut recommencer son exercice une douzaine de fois avant de le réussir au milieu des applaudissements.

La conquête de ce surprenant équilibre est un long travail de patience. On vous fait voir aujourd'hui au Nouveau Cirque un 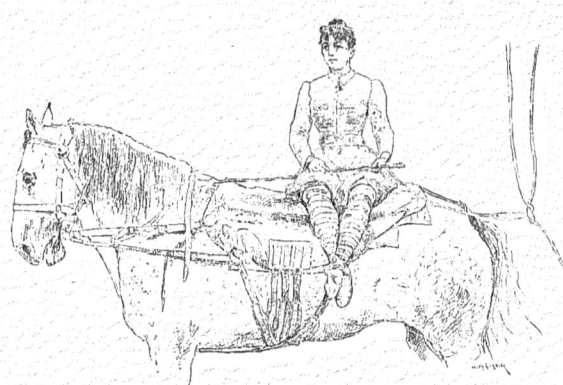 numéro plaisant qui est intitulé sur les programmes « Une leçon d'équitation ». Les servants d'écurie plantent au milieu de la piste une grande potence mobile sur son axe. Le bras de cet appareil vient suspendre au-dessus de l'écuyer à cheval un anneau où passe une corde. L'autre bout de cette corde s'attache à la ceinture de l'élève. Vous voyez d'ici le parti plaisant que l'on peut tirer de la manœuvre maladroite de la potence. On maintient en l'air, dans un mouvement de nageur, le compère en habit noir qui a demandé à prendre une leçon, tandis que le cheval emballé galope de l'autre côté du cirque. Mais, aux répétitions d'artiste, la potence manœuvre avec plus d'à-propos. Elle a remplacé, presque partout, la corde qui, fixée d'un côté à la ceinture de l'élève, tenue par l'autre bout dans la main du maître, montait s'accrocher par le milieu à un anneau descendant des frises.

La première fois que l'écuyère soutenue par cet artifice prend la leçon de panneau, on la fait galoper assise jusqu'à ce qu'elle soit bien entrée dans le galop du cheval. Puis on la fait lever sur un genou, avant de la mettre debout, tout à fait, son épaule placée en dedans du manège, entre le cheval et l'écuyer. Sur ce panneau où elle s'est élevée lentement, par degrés, il faudra que l'écuyère reproduise tous les pas de la danse. L'homme qui a suivi les mêmes classes qu'elle ajoutera à son travail les poses et les mouvements de l'acrobatie; — réunis, ils exécuteront ces *pas de deux*, ces *voltiges* qui sont le régal des vrais amateurs.

Pour les sauts, les traversées de cerceaux qui font lever tous les mentons en extase, c'est un exercice violent, grossier, sans grâce, qui force l'admiration des badauds. Demandez aux vrais artistes de panneau, à une Jenny O'Brien, ce qu'ils pensent de cette acro-

batie. Ils ne feront pas façon de vous avouer que si le saut est un sûr moyen de se faire applaudir, c'est la plus mauvaise manière de satisfaire sa conscience d'artiste.

Aussi bien, s'il est vrai que le péril bravé ajoute quelque grandeur à l'effort, c'est à l'écuyer de panneau que le public doit les témoignages les plus chaleureux de sa sympathie. On ne sera peut-être pas médiocrement surpris d'apprendre que, statistiques consultées, les écuyers payent à la mort un tribut plus élevé que les gymnasiarques eux-mêmes. C'est qu'ici l'accident ne dépend pas seulement de la mauvaise disposition physique, de la distraction d'une seconde : un faux mouvement du cheval peut tuer l'homme qui le monte.

Dans ma longue fréquentation des cirques parisiens, le hasard m'a fait assister une fois chez M. Franconi à ce spectacle cruel.

Un écuyer debout, il s'appelait Prince, exécutait devant nous au Cirque d'été la voltige sur deux chevaux qui sautaient des barres. Tout à coup une des deux bêtes s'affaissa sur les genoux.

L'homme fut lancé en avant sur la tête. Aussitôt les écuyers coururent à lui et jetèrent sur son corps un manteau. On l'emporta, et M. Loyal, la voix étranglée, le sourire aux lèvres, vint annoncer :

— Ce n'est rien, mesdames et messieurs... un accident sans conséquence... M. Prince présente ses excuses au public.

La vérité, c'est que l'écuyer avait été tué raide par rupture de la colonne vertébrale. Et tandis que, pour rassurer le public, une entrée de clowns se lançait en cabriolant dans le cirque, la femme et les trois enfants de Prince pleuraient, là-haut, sur son corps, dans la grande loge blanchie à la chaux, où les brides d'ânes savants pendent aux murailles, à côté des perruques de clowns, des fouets de dressage et des maillots pailletés...

CHAPITRE IV

L'HIPPODROME

La réouverture de l'Hippodrome, la première représentation de sa pantomime sont chaque année un gros événement, une fête de la « gomme » qui fait, pour cette occasion, grands frais de toilettes printanières, une fête aussi pour les Parisiens du « cinquième » et de l'arrière-boutique.

Ils sont plus nombreux qu'on ne feint de le croire, ceux qui chaque année ne peuvent fuir vers la mer ou vers la campagne les ardeurs caniculaires, ceux que le travail et l'économie retiennent prisonniers. Ceux-là, pendant tout l'été, n'ont à portée de promenade d'autre oasis de fraîcheur que la grande halle au toit de verre mobile qui fait à l'Hippodrome un plafond d'étoiles. Il importe à ces Parisiens qui, de juillet à septembre, iront au moins une fois par semaine s'asseoir sur les gradins de l'Hippodrome, de savoir qu'ils reverront chaque fois la pantomime nouvelle avec un plaisir rajeuni.

J'ai souvent entendu émettre par des gens très superficiels l'opinion suivante :

« L'Hippodrome, c'est un cirque plus grand que les autres... »

Il y a des ignorances qu'il faut renvoyer à l'A B C D ; d'autre part, peut-être trouverait-on des amateurs convaincus qui ne savent pas trop où gît la différence.

Un cirque, c'est une piste circulaire de *treize mètres* de diamètre, entourée de banquettes. Mettez-vous en route avec une canne métrique, mesurez le diamètre du Cirque d'hiver, celui du Cirque d'été, celui du Nouveau Cirque; passez la mer, voguez vers les Amériques, courez après Barnum et rayez sa piste en travers, continuez votre tour du monde par l'exploration de l'Australie et de l'Asie, rentrez enfin en Europe par le Caucase, soulevez la toile d'un des nombreux cirques ambulants qui viennent dresser

leur tente à Astrakan au moment de la foire, — vous ne constaterez point une infraction d'un centimètre à cette règle des treize mètres de diamètre. Treize, ni plus ni moins, c'est le nombre fatidique.

Une superstition, alors?

Ne le croyez pas.

La fixité des dimensions de l'arène répond à une double exigence : exigence de l'homme, exigence de l'animal.

Vous savez de reste que le banquiste est d'instinct nomade. Il l'est par goût et par intérêt. Il importe donc qu'en changeant continuellement de lieu, il trouve partout pour son « travail » un cadre identique.

Cela est infiniment commode pour l'homme, cela est indispensable pour les bêtes. Un cheval savant veut trouver, en quelque lieu qu'on le présente au public, une piste de treize mètres, sablée à huit centimètres d'épaisseur, entourée d'une palissade ouverte en deux points seulement, et assez peu élevée pour qu'il en puisse faire le tour, les sabots de devant sur la banquette, les jambes dans l'arène.

L'Hippodrome n'est pas prisonnier de ces règles métriques. Sa piste est un parallélogramme élastique, seulement arrondi aux quatre angles, pour inviter les chevaux à tourner. Par définition, c'est un champ de course. Sa forme exclut tous les exercices de voltige équestre fondés sur l'appui que la force centrifuge offre aux acrobates du cirque.

Ce n'est pas seulement un nom, mais des principes d'art que l'Hip-

podrome a empruntés à la Grèce. Le cirque est sans doute un lieu où l'on a l'occasion d'admirer le corps humain, tel que l'éducation antique l'avait façonné pour la vie éternelle du marbre ; mais c'est à l'Hippodrome que l'on reçoit la plus pure leçon d'esthétique grecque.

Vous le savez : parmi les différences qui distinguent notre concept de la beauté humaine de l'idée que l'art grec s'en était forgée, une des plus importantes gît dans ce principe : la subordination du corps à la tête.

La civilisation chrétienne nous a enseigné qu'il fallait en toute occasion mortifier, humilier la chair, assurer sur elle la prédominance du principe supérieur et spirituel, l'âme. Les passions, les mouvements de cette âme se traduisent sans doute par le geste, mais c'est particulièrement dans l'expression du visage, de la bouche, des yeux, que l'âme se révèle. De là, la prépondérance donnée à la tête, prépondérance exclusive au début du christianisme, quand l'art des primitifs, échappé des bandelettes byzantines, peignait des christs et des anges hydrocéphales aux yeux énormes de batraciens, aux corps émaciés, ankylosés, amaigris. De là aussi, l'habitude où nous sommes tous aujourd'hui de juger de la beauté, — et particulièrement de la beauté féminine, plus *expressive* que l'autre, — sur les traits du visage.

La Grèce n'a pas ainsi méprisé la beauté corporelle. Elle disait volontiers que si l'âme est divine, le corps est le temple d'un dieu. Et de même qu'elle ornait les demeures des Olympiens, pour qu'il leur plût d'y faire séjour, elle ordonnait d'embellir par la gymnastique le corps, habitacle de l'âme. Elle plaçait sur la même ligne, dans la formation pratique de son héros, la *musikè* éducatrice de l'âme, et la *gumnastikè* éducatrice du corps.

C'est pourquoi les artistes qui représentaient son rêve de beauté ne donnaient point plus d'expression au visage qu'au torse. Supposez que la Vénus, en place des bras, eût perdu le chef : elle ne semblerait pas plus mutilée. Un des plus admirables morceaux que nous ait légués la sculpture grecque est une *Victoire* décapitée.

L'immense étendue de l'Hippodrome, qui ne permet pas au spectateur de juger du détail des traits, déplace son attention habituelle et lui impose l'observation de la stature entière. J'ai dernièrement éprouvé cette nécessité en face des poses plastiques d'un groupe de jeunes filles italiennes, les sœurs Chiesi. Pour mieux ressembler à des statues, et pour donner, autant que possible, l'illusion de marbres nus, ces jeunes modèles serrent leurs corps dans d'étroits maillots, blanchis de farine. Ainsi moulées, les Chiesi s'escaladent mutuellement pour s'arrêter dans des poses tout ensemble hardies et convenues, qui tiennent de l'acrobatie et de l'académie. Pas une seconde je n'ai songé à me préoccuper de la beauté de leurs visages, non point même quand la voiture dorée du feu

duc de Brunswick les a promenées en parade sous mes yeux.

C'est là un cas d'exception. A talent égal, nous préférerons toujours l'exercice de la femme à celui de l'homme. En effet, il nous procure, outre le plaisir très particulier que donne le travail acrobatique, le plaisir général que cause en toute occasion l'exhibition d'un corps féminin parfait. Ce plaisir très vif n'est pas, chez nous autres modernes, uniquement intellectuel et moral : il y entre un

peu d'émotion physique, de désir, d'amour...

Ce trouble, que l'art grec n'a pas connu, on ne l'éprouve point à l'Hippodrome. Il en est de ce sentiment de latent désir comme de la pitié que les Espagnols ne ressentent point en face des courses de taureaux, sans doute parce que leurs arènes sont trop vastes. Un vrai païen se féliciterait peut-être de la tranquillité d'émotion avec laquelle, à l'Hippodrome, il reste libre de jouir de la beauté dans son essence. Nous sommes quelques-uns qui ne pouvons nous élever à ce détachement olympien, qui chérissons l'inquiétude où la beauté nous plonge, qui ne voulons pas en être guéris,— quitte à déplorer, comme Théophile Gautier, « d'être si fort corrompus de christianisme ».

L'Hippodrome reprend tous ses avantages lorsqu'il consent à laisser au cirque l'exhibition des « numéros expressifs » qu'il fait bon voir de près, et qu'il reste dans sa spécialité, les courses : courses à pied et à cheval, courses en chars, « courses de Berberie », et aussi les défilés et les pantomimes.

La course des chevaux libres est un des plus triomphants spectacles qu'il soit possible de voir, et l'on comprend que les Italiens, qui avaient l'œil artiste, aient voulu clore par cette apothéose les réjouissances de leur carnaval.

Tout le monde a lu des descriptions de cette fête hippique dont raffolait la Rome papale. Pendant deux semaines, on promenait chaque matin, pour les habituer au trajet, les chevaux qui devaient courir, et on leur donnait l'avoine au bout du Corso, tout près du but.

Le jour de la fête, à quatre heures du soir, deux coups de canon donnaient le signal. Aussitôt les voitures s'éloignaient, les curieux se rangeaient sur deux lignes, un détachement de dragons balayait le Corso d'un galop rapide. La rumeur de la foule s'éteignait dans un grand silence.

Les chevaux choisis pour la course étaient arrêtés sur un seul rang, derrière une corde, tendue vers l'obélisque de la Porte du Peuple. Les fronts de ces bêtes étaient empanachés de plumes dont le flottement tourmentait leur regard; des tresses de paillettes d'or étaient mêlées, jetées, dans leurs queues et leurs crinières. Des plaques de cuivre, des balles de plomb, éperonnées de pointes d'acier, étaient attachées à leurs flancs et à leur croupe, pour les fouetter dans le sursaut; et l'on poussait ce luxe d'épeurement jusqu'à boucler sur leur dos des feuilles légères d'étain et de papier gommé, bruissantes, frissonnantes, qui donnaient la gêne d'un cavalier, moins l'obstacle du poids.

Aussi, jusqu'à la chute de la corde, s'élevaient parmi ces bêtes vaillantes des hennissements, des piaffements, des clameurs dont tout le Corso retentissait. Et c'était une aventure commune de voir un cheval renverser son gardien et se jeter dans la foule.

Enfin, le sénateur de Rome donnait le signal. Coup de trompette, chute de la corde, départ fou des bêtes affolées, claquées par les applaudissements du peuple comme par des fouets. Ordinairement, les « berberies » franchissaient les 860 toises du champ en deux minutes vingt et une secondes, c'est-à-dire qu'ils parcouraient 37 pieds par seconde. Dans cette bousculade, quand un cheval pouvait atteindre celui qui le précédait, il le mordait, le frappait, employait toutes les ruses pour retarder sa course.

On était averti de l'arrivée des chevaux par deux coups de canon; pour les arrêter, il suffisait de tendre une toile au bout de la rue.

Dans les derniers temps, le Corso n'était plus qu'une spéculation de maquignons. L'Hippodrome nous rend les beaux jours de cette institution romaine; l'époque où c'étaient les premières familles de Rome, les Barberini, les Santa-Croce, les Colonna, les Borghèse, qui mettaient en ligne des étalons, champions de leurs rivalités et de leurs couleurs. Comme l'Hippodrome ne veut point abîmer les bêtes de prix qu'il met dans l'arène, il a renoncé au harnachement d'éperons et de paillettes. Ce sont vraiment des chevaux nus, dépouillés de ce déguisement de carnaval, qu'il produit dans le champ clos.

On les a longuement entraînés, enlevés devant les obstacles

avec la chambrière, appuyés tout le long de la piste par des sentinelles cravacheuses, qui corrigeaient la dérobe.

A présent, ils savent ce qu'on attend d'eux, et, dès que la cloche a sonné, ils s'élancent. Ils arrivent sur l'obstacle, crinière au vent, les sabots au vol, terribles comme la marée, blancs comme la vague qui saute à l'épi. Ἵππος μετέωρος, dit Pindare pour désigner le cheval

qui se cabre ; c'est un météore brillant qui passe par-dessus la barrière, mais c'est aussi un panache d'écume.

Et la joie de ces courses libres, c'est la bonne foi, l'honneur de la bête, qui n'est point suspecte de corruption, qui ne tend qu'à la victoire. Le crime et la mort ne les arrêtent point. M. Houcke m'a conté qu'il avait eu des chevaux assommés sur la piste par des camarades jaloux, et après la victoire, des apoplexies foudroyantes, à la rentrée des écuries.

Si le cheval est superbe en liberté, il est sûr que c'est le char, l'ancien char grec, le char homérique, qui lui apporte le plus esthétique des encadrements. Je lisais l'autre jour cette remarque bourgeoise de la bonne madame Dacier, qui n'a saisi du grec que le sens des mots — et bien juste : « Je ne comprends pas, dit-elle, comment les Grecs, qui étaient si sages, se sont servis longtemps de chars, et comment ils n'ont pas vu les grands inconvénients qui en résultaient. Je ne parle point de la difficulté de manier un char, bien plus grande que celle de manier un cheval, ni du terrain que les chars occupaient; je dis seulement qu'il y avait deux hommes sur chaque char. Ces deux hommes étaient des gens considérables et tous deux propres au combat. Il n'y en avait pourtant qu'un qui combattait. De plus, il y avait des chars non seulement à deux, mais à trois et à quatre chevaux pour un seul homme de guerre : autre perte qui méritait quelque attention. »

L'excellente madame Dacier a oublié une seule chose, c'est que les Grecs étaient avant tout épris de beauté. Ils ont aimé le char, parce que le quadrige était un ensemble superbement esthétique, un piédestal mouvant pour le héros. Aussi le char n'est pas seulement pour eux un engin de guerre. C'est tout de suite un objet de luxueux plaisir. Souvenez-vous des belles descriptions de courses attelées dont la littérature grecque est pleine, et en particulier le théâtre de Sophocle.

Rappelez-vous, entre autres, dans *Électre*, le récit du gouverneur d'Oreste. Pour moi, je n'assiste jamais à ces spectacles héroïques sans que les vers du divin poète me chantent dans la mémoire.

« Au lever du soleil eurent lieu les courses de chars. Oreste se
« présenta; avec lui des cochers nombreux. L'un était Achéen,
« l'autre Spartiate ; deux venaient de Libye, vrais maîtres de
« guides. Oreste arrivait cinquième avec des juments thessa-
« liennes; le sixième amenait d'Étolie des alezans clairs; le sep-
« tième était de Magnésie; le huitième, un enfant d'Ænia, pré-
« sentait des chevaux blancs; la divine Athènes avait envoyé le
« neuvième ; enfin un Béotien montait le dixième char.

« Les héros étaient debout. Et quand le tirage du sort leur eut
« assigné des places, ils s'élancèrent, au son cuivré de la trompette.
« Tous à la fois ils enlevaient leurs bêtes; ils secouaient les guides;
« la piste était pleine du roulement éclatant de leurs chars. Et tous,
« mêlés, confondus, ils prodiguaient le fouet. Et les chevaux, le
« feu aux naseaux, couvraient de boue le dos des cochers et les
« roues des chars.

« Quand il arrivait à la dernière borne, Oreste l'effleurait de son
« essieu. Il lâchait la bride au cheval de volée. A droite, il retenait
« l'autre... Il se ménageait pour la fin de la course. Mais quand
« il vit qu'il ne restait plus que l'Athénien, il fit siffler son fouet

« aux oreilles de son attelage, s'élança derrière son rival. Les
« deux chars roulaient de front. Alternativement un attelage
« dépassait son concurrent d'une longueur de tête. Debout sur son
« char intact, le malheureux Oreste avait fourni avec succès toutes
« les courses; mais en rendant la rêne gauche au cheval qui contour-

« naît la borne, il heurta la colonne. Son essieu fut brisé ; du haut
« de son char il roula empêtré dans les guides, et les chevaux,
« épouvantés, s'élancèrent en tumulte au milieu de la piste. »

Avec les courses, la pantomime, — autre divertissement antique, — est l'honneur de l'Hippodrome. Les amateurs se souviennent encore des splendeurs de la *Chasse*. Il semblait malaisé de faire plus brillant, car les sujets qui peuvent servir de canevas à ces grands spectacles ne sont pas nombreux. Quand on a monté un *Triomphe romain*, un *Néron* avec des courses de chars, une *Fête chez les rajahs* avec des ruissellements de pierreries, une *Fantasia arabe*, une féerie et un *Congo* authentique, il faut revenir à la pièce militaire. Mais nous vivons sur de bien vieux triomphes, et l'Hippodrome n'ose plus sortir de son magasin d'accessoires la défroque d'autrefois.

Grand était donc l'embarras du directeur, M. Houcke, qui rédige lui-même ses livrets. Les ressources d'une grande boutique comme l'Hippodrome varient d'une saison à l'autre : tantôt ce sont les acrobates qui sont le numéro hors ligne, tantôt la troupe des clowns sauteurs, qu'on doit mettre à l'effet. En dernier lieu on avait des chevaux à exhiber, et le choix de la pantomime militaire s'imposait au directeur.

Un type, ce Houcke, un vrai fils de la balle. Il a eu de par le monde cinq ou six frères directeurs de manèges. Son père, sous le nom de Léonard, a été jadis directeur des deux Cirques avant les Franconi. Lui-même a tenu la chambrière de M. Loyal en Russie, en Allemagne, en Scandinavie. C'est vous dire, si l'hérédité n'est pas un vain mot, qu'il doit posséder dans un haut degré le génie professionnel.

De plus, ce qui ne gâte rien, Houcke est un malin. Le choix qu'il a fait du nom de Skobelef pour y accrocher sa dernière fête militaire, me paraît une très bonne preuve de cette habileté. Cherchez donc dans l'histoire contemporaine un autre nom de victorieux qui nous soit sympathique...

Skobelef et Plewna, les Russes et les Turcs! Houcke tenait sa pantomime. On arrêta en hâte les grandes lignes du livret, et M. Thomas, l'ancien décorateur du Théâtre-Français et de l'Opéra-Comique, — l'Éminence grise de Houcke, — partit pour la Russie

avec beaucoup d'argent dans ses poches, afin d'acheter des armes, des costumes, des traîneaux, des moujiks, des drovskis, de la neige.

Il rapporta toute la Russie dans ses malles.

Figurez-vous, d'un bout à l'autre de la piste, une installation de parquet sur lequel traîneaux et patineurs glissaient comme sur une Néva. Au premier tableau, le parquetage représentait une grande route, un relais de poste dans la steppe. Au-dessus des bâtiments de l'isba était suspendu l'orchestre, qui avait renforcé ses musiciens d'un chœur de moujiks authentiques. Ces bonnes gens chantaient, avec ces voix sans fin que la maîtrise de d'Agrenieff nous a fait entendre, il y a quelques années, au Trocadéro, des chansons de leur pays. On avait fondu tout cela dans une partition qui avait

vraiment beaucoup de couleur, et lorsque, avec accompagnement de cloches, les moujiks entonnaient leur hymne national :

Bojé tsara krani
Silni der jarni
Stsar stvouyna slavouna, slavounam...

on se laissait vraiment emporter très loin sur les ailes de cette musique. Tandis qu'elle chantait, je regardais du côté des troisièmes où s'assoient les petites gens, moins sceptiques que les autres. Il y avait beaucoup de spectateurs tout à fait émus, beaucoup d'yeux qui brillaient, beaucoup de poitrines haletantes...

Pendant que les cloches et les moujiks chantaient à l'unisson, les cortèges commençaient à défiler sur la route : d'abord des chanteurs et des danseurs nomades qui suivaient l'armée à la piste, puis des groupes d'officiers, puis des convois de prisonniers, puis la galopade fantastique d'un courrier militaire, puis, dans un tourbillon, une troïka où est assis un homme de haute taille enveloppé d'une pelisse grise. C'était Skobelef qui venait prendre le commandement de l'armée.

Puis nous étions transportés devant Plewna. Les habitants des campagnes se réfugiaient dans la ville. Ils emportaient sur leurs chariots toutes leurs richesses. Il n'est que temps! des soldats russes arrivent sur leurs talons. Mais ce ne sont que des éclaireurs. Des murailles de Plewna les sentinelles turques les ont aperçus. On donne l'alarme. On fait une sortie, on les enveloppe. Leur cas n'est pas bien net : leur reconnaissance a une fâcheuse couleur d'espionnage. Les Turcs se disposent à les fusiller, quand un formidable bruit de galop ébranle le parquetage. Ce sont des Cosaques qui accourent, bride abattue, au secours des prisonniers. Ah! les braves gens! Je me doutais bien que le régime de la chandelle devait développer l'héroïsme. En un tour de lance, les Turcs sont accommodés comme il faut; quelques-uns d'entre eux fuient à toutes jambes, parviennent à regagner la ville. Ils ne font que retarder la minute de leur reddition. Voici le gros de l'armée russe qui s'avance. Elle s'élance à l'assaut des praticables. Au milieu de la fusillade, de la fumée, tout le fond de l'Hippodrome s'éclaire d'un reflet d'incendie. Vive Skobelef! vive Ruggieri! Plewna brûle, Plewna a brûlé.

Et les vainqueurs n'ont plus qu'à se réjouir!

En un tour de main, on a déroulé tout autour de la piste un décor de toiles peintes qui figure les perspectives de Pétersbourg. Le parquetage est devenu la Néva glacée. Toute la ville se porte à la rencontre des soldats victorieux.

Une belle soirée pour les patineurs!

Du bout du pied, sur la glace, en anglaise, en bâtarde, en gothique, ils écrivent le nom de Skobelef. Des lampions accrochés aux cintres reproduisent ce nom glorieux. Et déjà l'on entend les clairons et les fifres qui sonnent la marche triomphale.

C'est le moment.

Le chef d'orchestre abaisse sa baguette :

Une, deux, trois !

Et comme si toute cette armée, tout ce peuple avaient été suspendus à ce signal, les canons tonnent, l'orchestre mugit, le feu d'artifice éclate, les carillons se mettent en branle, et, dominant toutes les clameurs, une dernière fois l'hymne triomphal s'élève :

BOJÉ TSARA KRANI.

Bien qu'ils aient eu pour cadre une enceinte autre que l'Hippodrome, il semble que ce soit ici le lieu de donner un souvenir aux magnifiques spectacles équestres dont la Compagnie de *Buffalo Bill* a régalé les Parisiens pendant la durée de l'Exposition.

Les innombrables lecteurs des romans américains de Cooper ont vu avec stupéfaction la prairie des Sioux transportée avec ses acteurs et ses accessoires de décor à la porte Maillot. Tout y était, les Peaux-Rouges, — de vrais Peaux-Rouges, — les mustangs, les buffles, les cow-boys, les vaqueros, les chariots, les tentes, les arcs, les flèches, les rifles, les chiens, les squaws et les petits enfants.

Cette troupe extraordinaire était amenée à Paris par un manager célèbre en tous pays de langue anglaise, l'ancien acteur Naet Salsbury; elle était commandée par un homme extraordinaire, le colonel W. F. Cody. Figurez-vous le type le plus parfait du trappeur que l'on puisse se forger à la lecture de l'*Espion* et des *Mohicans*. Enfant de la frontière, élevé à cheval, d'une bravoure chimérique, d'une adresse inouïe dans le maniement des chevaux et des armes, le colonel W. F. Cody promène, au-dessus d'un corps de six pieds, la tête d'un mousquetaire d'opéra. Ses cheveux bouclés lui tombent sur les épaules. Et il a la moustache d'Aramis sous un nez d'Américain, droit et classique.

La troupe guerrière du colonel Cody avait son étoile féminine, miss Annie Oakley, dite « la petite au tir infaillible ». Elle aussi est une enfant de la frontière, où son nom est aussi redouté que sa balle. Et de fait elle a accompli des prodiges : un jour, à Tiffin (Ohio), elle a atteint une pièce de cinquante centimes tenue entre le pouce et l'index d'un homme placé à trente pieds de distance.

En février 1885, elle a tiré sur 5,000 boules que trois projeteurs lui lançaient à quatorze mètres de hauteur; elle en a atteint 4,772 en neuf heures, chargeant ses armes elle-même.

Miss Oakley manie aussi bien le cheval que le fusil.

A la foire de New-Jersey, elle a gagné quatre courses sur cinq.

« Et ce qui rend mademoiselle Oakley encore plus intéressante, dit une biographie que je copie, c'est qu'elle est de petite taille et ne pèse que 49 kilos. »

Pas un mot de plus.

La jeune fille est à marier.

CHAPITRE V

LES ÉQUILIBRISTES

Ce sont les plus beaux des acrobates, les vrais olympiens.

Le gymnasiarque est admirable par le développement prodigieux de son thorax et de ses membres, par le relief épique de ses muscles ; l'équilibriste n'a pas eu tant d'effort à faire. Son art gît tout entier dans la délicatesse, les nuances, la facilité, la grâce. C'est pourquoi l'équilibrisme est l'exercice acrobatique où les femmes excellent et règnent. Les hommes, qui ne peuvent se décider à supprimer tout à fait la force de leurs travaux, ne viennent ici qu'au second rang.

Ils se cantonnent dans des variétés particulières d'équilibrisme ; ils sont plus volontiers jongleurs, vélocipédistes, antipodiens...

Ce proverbe a cours dans les loges de cirque, — j'atténue, en le traduisant, sa crudité anglaise, — l'amant déplace le centre de gravité des danseuses de corde. — De fait, la plupart des équilibristes,

— entendez les vraies artistes, et non pas les belles filles à qui la corde sert seulement de tremplin, — sont d'authentiques vestales.

Elles tiennent à leur vertu, condition de leur fortune. Les parents font bonne garde autour de ce trésor. Il ne s'agit pas seulement d'éviter le péril de la maternité, qui met fin à la carrière artistique de l'équilibriste. On ne peut même point courir le risque des courbatures, des douleurs sourdes... Et certainement les délicats ne songent point sans plaisir que le soutien de la grâce est ici la virginité intacte.

Équilibristes et jongleurs, les enfants d'acrobates le sont de naissance. Allez rôder dans un cirque, un matin, pendant une répétition, vous verrez, dans tous les coins, autour des barres de fer, sur des cordes tendues, des gamins et des gamines qui imitent gauchement, pour leur plaisir, les exercices paternels. C'est ainsi que je me souviens d'avoir, un jour, à Londres, au septième étage, sous les toits, contemplé ce singulier spectacle. Dans une mansarde, deux cordes tendues; sur l'une d'elles, un jeune garçon qui s'exerçait à marcher sans balancier; sur l'autre, un singe qui reproduisait fidèlement tous les gestes de son compagnon. Le professeur était sans doute descendu pour acheter du tabac; en son absence, les deux danseurs continuaient de travailler, parallèlement, en silence. Quand je vous dis que les acrobates ont connu avant les pédagogues les bienfaits de l'enseignement mutuel !

Les Équilibristes.

Le plus bas degré de la virtuosité équilibriste, c'est le *travail de la boule*. La marche en avant, en arrière, le saut et la danse sont l'A B C du métier. On ne produit donc plus ce numéro usé, à moins que quelque invention imprévue ne vienne accroître sa difficulté.

C'est le cas de lady Alphonsine et du Russe Frankloff que nous avons vu marcher sur l'eau à la fête de Neuilly, debout sur un tonneau lesté, qu'il faisait rapidement tourner sous ses pieds. Pour lady Alphonsine, elle gravit sur sa boule un petit sentier qui monte avec une raideur de pas de vis autour d'un mât de cinq ou six mètres de haut. A la montée cela va encore, mais je vous jure que l'on a de rudes émotions à la descente. Il faut retenir l'énorme boule de bois qui ne demande qu'à fuir, et le pied bat, frénétique, vibrant comme une palette de mandoline. L'effet produit n'est point ici en proportion directe de l'effort imposé à l'artiste. De plus, ce travail a l'inconvénient, quand on s'y livre avec une persévérance exclusive, d'alourdir la jambe par le développement exagéré du mollet. Deux raisons pour qu'il ne réhabilite pas la boule dans l'estime des amateurs.

D'ailleurs, ici comme partout, la mode est souveraine. C'est ainsi que la danse de la *corde,* après avoir été un temps dédaignée, semble rentrer en faveur.

Si l'on se réveille un beau matin monteur de boules, presque sans y avoir pris garde, nul ne devient danseur de corde sans patient effort. Vous qui voyez l'aisance avec laquelle le funambule court sur son étroit sentier et qui êtes porté à vous dire : « Vraiment, pour en faire autant, il ne me manque que l'audace », il est dommage, pour votre édification, que vous n'ayez pu assister aux premiers essais du danseur.

Toute la puissance du danseur siège dans les reins et dans la raideur de la jambe ; on ne peut donc faire monter les enfants sur la corde avant une dizaine d'années. L'appareil qui sert à ces exercices est très simple, le même depuis l'antiquité. La corde est montée sur deux « croisés », deux X de grandeur inégale. Le croisé de derrière est le plus élevé, afin de soutenir les reins du danseur pendant les repos des reprises. Le second croisé ou « croisé de face », qui porte le « guidon » ou le « point de mire » dont le funambule ne détache pas les yeux, s'élève seulement à hauteur de la corde. Celle-ci est soutenue à ses deux points d'attache par des traverses de bois flexibles ; chez nous, on emploie le frêne, les Américains usent d'un bois encore plus pliant, l'*ixry*. L'ensemble de l'appareil est fixé par une « cadrolle » de poulies. La première fois que le danseur vient s'appuyer au grand croisé pour tenter la traversée de la corde, il est soutenu à droite et à gauche avec des « longes ». Le balancier entre les mains, les yeux fixés sur la mire, il s'applique à poser son pied bien en dehors, sur le talon, puis sur l'orteil. S'il a les reins solides, les progrès sont rapides. Au bout de quelques mois, il est en état de danser la « sabotière », qui ne blesse point ses pieds encore tendres. Les autres exercices qu'il devra lentement conquérir sont la *marche en avant*, la *marche en arrière*, le *saut périlleux en avant*, le *saut périlleux en arrière*, le *saut à cheval*, le *saut de pied à pied*.

Ceci est la série complète des exercices classiques. Quand le danseur en est une fois maître, son imagination peut intervenir pour compliquer toutes choses. Il s'agit de tenter sur la corde ce que personne n'y a jamais essayé, et cet inconnu est plus malaisé à découvrir que vous ne le croyez. Les Adda Blanche, héritières des talents de madame Saqui et de Blondin, ont droit de répéter le mot mélancolique de La Bruyère : « Nous venons trop tard. »

C'est à dessein que dans ce livre j'ai fait si petite place aux artistes d'autrefois. Nos gymnasiarques, nos acrobates, nos écuyers, nos clowns nous défendent de regretter les morts. Mais parmi ces arts, l'équilibrisme a été le plus antiquement exploité, — et il est aussi le plus limité dans ses ressources.

Il convient donc de placer ici votre gracieuse image, Saqui, qui avez obligé le grand Empereur à lever les yeux pour suivre vos escalades aériennes, vous qu'il appelait « son enragée », vous dont il aimait, dans son cœur, l'audace chimérique, sœur de la sienne. Les astronomes de notre temps, bien moins galants que les poètes d'autrefois, n'ont pas encore songé à vous mettre au rang des étoiles, et, d'autre part, je crains bien que le bon Dieu ne vous ait pas reçue dans son paradis, Saqui, petite païenne, qui, un jour, avez humilié, sous vos légers sabots, les tours sacrées de Notre-Dame. Que ce péché vous soit remis un jour ou l'autre! Je connais, dans un coin de Paris, une vieille Italienne centenaire qui fait encore dire des messes pour le repos de votre âme d'oiseau, et pense qu'en expiation de votre orgueil, vous êtes condamnée à errer, deux cents ans, entre ciel et terre, sans autre distraction que de jouer, quand il n'y a pas d'orage, au cerceau avec l'arc-en-ciel.

Le souvenir gracieux de cette péri est intimement lié dans la mémoire des hommes à celui d'Émile Gravelet, dit Blondin. En quel lieu du monde n'a-t-on pas ouï parler de la fameuse traversée du Niagara? Les deux Amériques étaient accourues à ce spectacle. Blondin ajoutait chaque jour quelque fraîche nouveauté à ses exercices. Tantôt assis sur une petite chaise, il faisait cuire une omelette sur la corde et la mangeait au milieu des vivats. Tantôt il chargeait son fils sur son dos et le transportait, en courant, d'une rive à l'autre. Un jour, Blondin aperçoit le prince de Galles au nombre des spectateurs; il se fait présenter et propose le voyage au souverain. L'autre allégua sa grandeur pour rester attaché au rivage.

Cette offre était une des bonnes plaisanteries de Blondin.

Pierre Véron m'a conté que le jour où le funambule traversa la Seine, il proposa la partie à Cham, qui était venu là prendre un croquis.

— Je ne demande pas mieux, répondit le caricaturiste, mais c'est moi qui vous porterai sur mon dos.

— Voyons, monsieur Cham, vous n'y pensez pas!

— Vous voyez, c'est vous qui refusez, conclut froidement le pince-sans-rire.

Le discrédit subit où la danse de corde tomba pendant quelques années correspond à l'apparition d'Océana.

Cette jeune femme, préoccupée d'adopter un « travail » qui mît sans grand effort sa beauté plastique dans tout son effet, avait fait choix du *fil de fer,* qui, bien plus détendu que la corde, permet avec une oscillation légère les poses horizontales du hamac, les voluptueuses indolences de Sarah la baigneuse. Mais sur ce fil de fer qu'Océana avait mis si facilement en faveur, les véritables funambules rêvèrent bien vite de reproduire les exercices de la corde. Tous, à l'exception du saut à cheval, pouvaient être tentés sur le

fil de fer. La difficulté de reproduire les équilibres sur un soutien encore plus instable que la corde passionnait les équilibristes.

Une jeune Orientale, lady Ibrahim, nous a fait voir pendant l'hiver de 1888, aux Folies-Bergère, quel parti une habile équilibriste pouvait tirer des souplesses du fil de fer.

Un peu trop longue, avec des bras de danseuse, presque grêles, par une seule main elle se laissait hisser jusqu'à la plate-forme assez élevée d'où elle s'élançait au-dessus des têtes. Une fois là-haut, elle ouvrait un parasol chinois qui lui servait de balancier, puis, avec un grand sérieux de masque, une inquiétante rigidité de tout le visage, ses yeux d'aigle attachés à la mire, elle s'élançait sur le fil de fer qui, brillamment nickelé, avait sous son orteil l'aspect glissant d'un parquet de patinage. Parvenue au milieu de son fil, lady Ibrahim attrapait au vol un cerceau d'acier ; elle le plaçait une seconde derrière sa tête, et c'était la Nuit étoilée ; puis elle s'en coiffait, et, lentement, avec des précautions gracieuses, elle le faisait glisser jusqu'aux talons, le long de son corps. Ensuite, des drapeaux, balancés, agités en moulinet, remplaçaient l'ombrelle dans sa main. Suspendue entre ces flottements de soie, lady Ibrahim se balançait violemment, de droite à gauche, sur une seule jambe ; tout à coup elle rassemblait ses pieds, s'élevait en l'air sur les pointes, pivotait, se retournait vers le croisé postérieur. L'exercice se couronnait par

une promenade sur une poutre, posée sur le fil, en équilibre. Làdessus, lady Ibrahim répétait toute la série des exercices que je viens de décrire, jusqu'à ce qu'au milieu des applaudissements elle finît par charger la poutre et par l'emporter sur son épaule.

Le désir de vaincre des difficultés croissantes a élevé les équilibristes du fil de fer au trapèze. C'est dans la mobilité toujours plus inquiète du soutien, que siège ici le péril. Le fil de fer et la corde sont plus mouvants que la boule ; le trapèze, même lesté au bout des deux cordes de masses de plomb, est sensiblement plus instable que la corde.

C'est lui le pur sang, la bête frissonnante, souple et rebelle, qu'il faut monter avec des nuances, avec des délicatesses infinies. Aussi les équilibristes qui ont une fois tâté du trapèze n'en veulent plus descendre. Et, à travers les mailles de leur filet, ils contemplent avec un souverain mépris les pauvres danseurs de fil de fer

que les croisés élèvent péniblement à deux mètres au-dessus du sable de la piste.

Boule, corde, fil de fer, trapèze, — c'est le cycle complet ; — on vient de voir que ces exercices gracieux étaient surtout exécutés par des femmes. L'homme, qui n'a point les mêmes raisons esthétiques d'exhiber son corps dans un travail où il ne trouve point l'emploi de sa vigueur musculaire, ne quitte guère le tapis : il est *jongleur* ou *antipodien*. Tous les banquistes, tous les enfants de banquistes jonglent. C'est un travail de repos, entre les exercices qui lassent la force. On s'assoit dans un coin ; on ramasse les objets qui vous tombent sous la main, une clef, une

orange, une pierre; on les lance en l'air. Mais l'exercice quotidien est nécessaire pour dépasser cette habileté commune, atteindre ces virtuosités dont vous avez eu le spectacle.

Le véritable jongleur, — il est presque toujours gaucher, — ne jongle ni à cheval, ni sur la corde, ni sur le trapèze; il jongle à terre avec des boules. C'est le cas particulier des Japonais. On en a exhibé un dans les salons parisiens dont l'habileté frisait la sorcellerie. Il jonglait seulement avec une grosse bille blanche et une petite bille rouge. Entre ses doigts ces deux boules semblaient des êtres animés. Elles parcouraient son visage, remontaient et descendaient le long de ses bras, s'arrêtaient sur son nez, sur le bout de son doigt.

Notre ami Agoust, avant d'être clown-mime et régisseur du Nouveau Cirque, a été célèbre en Amérique comme jongleur. Je l'ai vu pour ma part jongler simultanément avec un œuf, un boulet et une bouteille de champagne, ce qui est un tour miraculeux, à cause de la diversité des efforts musculaires réclamés par le rejet de chaque objet qui tombe dans la main du jongleur.

Le Danois Sévérus est aussi, à l'heure qu'il est, une des célébrités de l'équilibrisme de tapis. Il paraît sur le théâtre vêtu du pourpoint noir d'Hamlet. On attend qu'il va débiter le monologue de la terrasse d'Elseneur. Non. Il se fait apporter une petite chaise de velours, il se juche dessus la tête en bas, les pieds en l'air. Il a eu soin auparavant de placer en équilibre sur sa nuque une lampe allumée, avec son verre et son globe. Il la fait avancer sur son crâne, par de petits mouvements saccadés du cuir chevelu. Elle arrive sur son front, et, de là, chevauchant son profil, descend jusque sur la poitrine.

Ce Sévérus s'est fait une spécialité du jonglage exécuté avec des objets fragiles. Il remplace la boule et les poignards par des cuvettes, des saladiers, des verres de lampe, des assiettes de toutes tailles. On ne se console pas, quand on le voit à l'œuvre, d'avoir oublié sa cuisinière à la maison, et perdu l'occasion de lui apprendre une bonne fois à manier habilement la vaisselle.

Sévérus est un *bras de fer* distingué. De même que les biceps des bras se développent vigoureusement chez les jongleurs, les muscles cruraux atteignent un volume et une puissance de détente tout à fait surprenants chez les *antipodiens*.

L'argot banquiste désigne par ce mot le jongleur qui travaille avec les jambes. Tels le Japonais Yotshitaro et le Mexicain Frank Maura.

J'ai vu exécuter par ce Maura un des sauts les plus extraordinaires qu'on m'ait montrés sur les planches. Il ne causait pas beaucoup d'émotion au gros du public, qui soupçonnait mal la vigueur de l'effort. Frank Maura se met à genoux au bord du théâtre, il s'assoit sur ses talons, croise les bras, puis, sans s'aider dans son élan par un balancement du buste, d'un seul coup de reins, il projette son corps en l'air et ne retombe sur le sol qu'après la révolution complète d'un saut périlleux.

On s'explique mieux, quand on a vu cet antipodien au travail, une pareille vigueur de muscles.

Frank Maura installe au milieu du théâtre une hampe de métal, haute environ de deux mètres, qui porte une petite selle. L'équilibriste pose là-dessus ses épaules et sa nuque ; puis il dresse en angle droit ses jambes parallèles. On lui lance successivement trois boules énormes, un tonneau, une banquette longue à asseoir six personnes. Il envoie ces objets en l'air, les rattrape, les fait passer de ses mains sur ses pieds, les anime d'une rotation de plus en plus violente, qu'il arrête dans des repos subits, brusquement nets. En même temps que cette extraordinaire vigueur, la faculté de la « préhension » se développe si curieusement chez les antipodiens, que nombre d'entre eux sont

168 Les Jeux du Cirque.

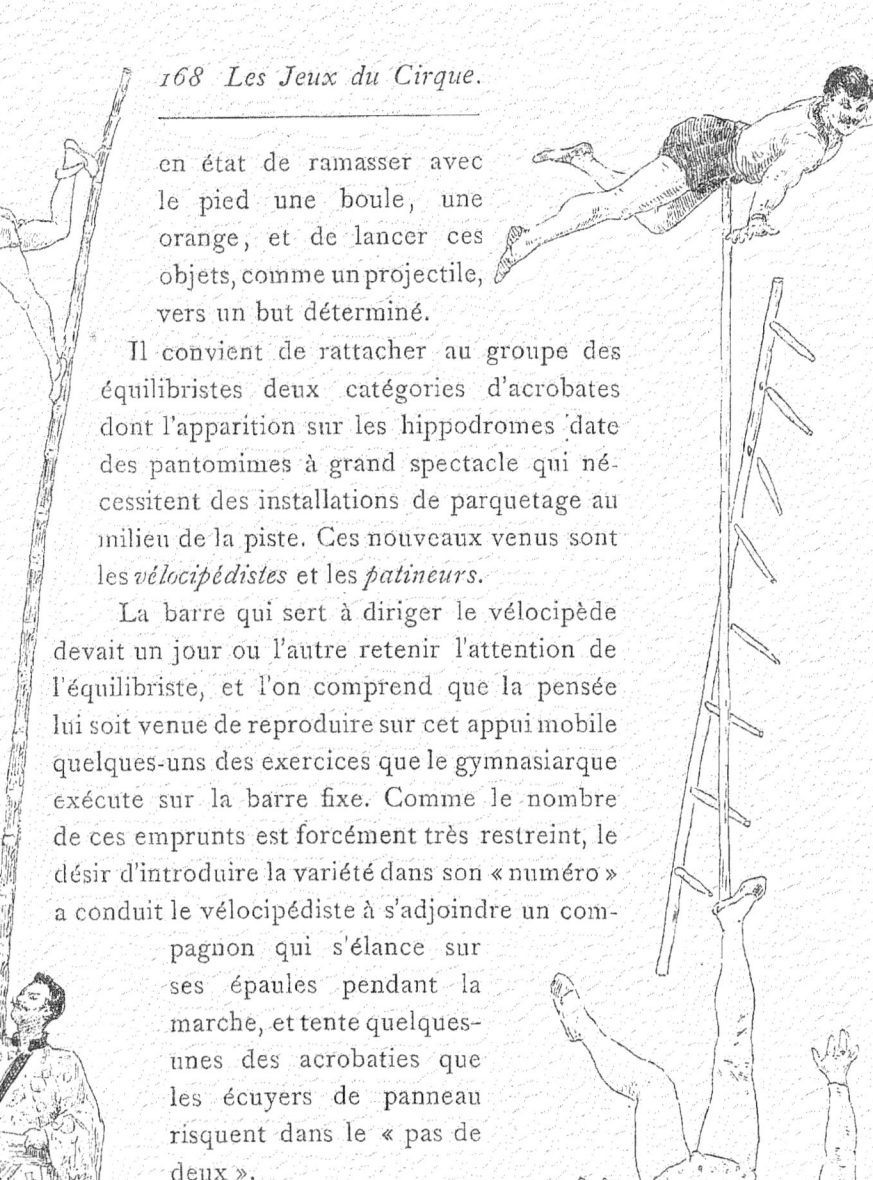

en état de ramasser avec le pied une boule, une orange, et de lancer ces objets, comme un projectile, vers un but déterminé.

Il convient de rattacher au groupe des équilibristes deux catégories d'acrobates dont l'apparition sur les hippodromes date des pantomimes à grand spectacle qui nécessitent des installations de parquetage au milieu de la piste. Ces nouveaux venus sont les *vélocipédistes* et les *patineurs*.

La barre qui sert à diriger le vélocipède devait un jour ou l'autre retenir l'attention de l'équilibriste, et l'on comprend que la pensée lui soit venue de reproduire sur cet appui mobile quelques-uns des exercices que le gymnasiarque exécute sur la barre fixe. Comme le nombre de ces emprunts est forcément très restreint, le désir d'introduire la variété dans son « numéro » a conduit le vélocipédiste à s'adjoindre un compagnon qui s'élance sur ses épaules pendant la marche, et tente quelques-unes des acrobaties que les écuyers de panneau risquent dans le « pas de deux ».

Le summum de l'effort très limité du vélocipédiste n'atteint qu'à oser sur le *monocycle* les exercices que l'on accomplit

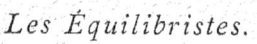

aujourd'hui assez communément sur les deux roues.

Pour les patineurs, ils montent sur le parquetage afin de provoquer l'éclat de rire par leurs chutes : c'est un numéro d'acrobatie comique.

Vous qui avez autrefois tâté de vos épaules, de vos reins et de vos genoux l'asphalte du Skating-Rink de la rue Blanche, vous savez quelles abominables foulures couronnaient vos essais.

Les clowns-patineurs ont trouvé moyen d'esquiver ces inconvénients par une souplesse de disloqués. En même temps, ils tirent un admirable parti de la perversité naturelle qui nous porte à rire des chutes du prochain. Je ne vous étonnerai pas en vous disant que ces équilibristes d'occasion sont regardés de haut par les « professionnels ». On les tient un peu à l'écart. On les considère comme des amuseurs bien plutôt que comme des artistes. Car ils n'ont pas eu à vaincre un ennemi dont la défaite est tout l'orgueil de l'équilibriste : le vertige.

Faut-il dire que l'équilibriste est vraiment vainqueur du vertige ?

Après des observations nombreuses, j'ai la conviction qu'il serait plus exact d'écrire que c'est le vertige qui conquiert l'équilibriste.

Vous connaissez tous l'expérience qui consiste à plonger une poule dans un état d'immobilité, avec insensibilité plus ou moins complète, en lui plaçant le bec sur le sol et en tirant à la craie une ligne droite vers laquelle ses yeux viennent forcément à converger. De même, si l'on prend entre deux doigts un objet brillant, et qu'on le tienne à quelques centimètres des yeux et un peu au-dessus du front d'une personne tant soit peu nerveuse, après l'avoir engagée à regarder fixement cet objet brillant, tout en concentrant son attention sur ce qui va survenir, on a de grandes chances de faire passer la personne qui s'est prêtée à cette expérience dans le sommeil hypnotique.

On connaît la série de phénomènes qui se produisent alors :

C'est d'abord un peu de larmoiement, causé par la fixité du regard, des contractions et des dilatations successives de la pupille, l'extension et la rigidité quasi cataleptique des membres...

Maintenant, remettez-vous en mémoire toute la succession des actes que l'équilibriste accomplit dans son travail. Lui aussi, il attache son regard obstinément, fixement, sur un point unique : la mire. De l'aveu de tous ceux qui sont montés sur la corde, ces phénomènes particuliers se produisent au bout des premières secondes de contemplation : l'équilibriste éprouve la sensation de l'*isolement absolu,* en même temps qu'une singulière *attirance* vers la mire. Dans cet état nerveux, les muscles prennent une espèce de rigidité qui sert l'acrobate dans son travail.

Faudrait-il conclure que l'on se trouve ici en face de phénomènes voisins de l'hypnotisme? C'est une question délicate. Je sais qu'elle sera prochainement portée devant l'Académie de médecine par deux savants professeurs de la Faculté de Montpellier. Je leur envoie ces remarques, qui, peut-être, ont pour eux quelque intérêt à cause de la difficulté où l'on est d'observer de près des artistes nomades dont la confiance est malaisée à gagner.

Ceux qui étudieront cette question de l'hypnotisme des équilibristes devront noter :

1° Que l'on se trouve presque toujours en face de *sujets féminins*;

2° Que les plus habiles d'entre les équilibristes nous viennent du pays des fakirs, de l'Inde, du Japon, de l'Orient;

3° Que tous les sujets européens, dont ils auront l'occasion d'admirer la virtuosité hors ligne, sont au moins des névropathes.

Erminia Chelli, pour ne citer qu'un exemple, la reine de l'équilibrisme sur le trapèze, est une somnambule naturelle.

Paris a possédé, de mai à juillet 1887, au Cirque d'été, cette jeune fille incomparable dont le départ nous a laissés sans consolation.

Je n'oublierai jamais l'émotion que me produisit sa vue lors de notre première rencontre.

Tout de suite je me fis présenter par M. Franconi à ses parents.

M. Chelli père et moi-même, nous échangeâmes nos cartes.

J'ai tenu à faire figurer ici ce document, comme un monument extraordinaire de l'orgueil acrobatique et paternel :

> ### EMILIO CHELLI
> EX-ARTISTE GYMNASTE ET CLOWN
>
> #### PÈRE
> DE LA CÉLÈBRE ÉQUILIBRISTE AÉRIENNE
> SIGNORINA ERMINIA CHELLI.

Écoutez donc, l' « autre » disait bien « Madame Mère » !

Erminia Chelli a tout au plus dix-neuf ans ; c'est une Vénitienne à qui le trapèze a allongé les jambes et, par là, donné cette grâce suprême de la démarche, cette élégance de proportions qui d'ordinaire fait un peu défaut aux Italiennes. Le buste, encore jeune, est charmant, le cou a de la finesse ; la tête, très brune, est fièrement portée sur des épaules que le trapèze a assouplies sans développer les omoplates. Depuis l'apparition d'Océana, on n'a pas vu dans les cirques et dans les hippodromes une personne de proportions si parfaites. La beauté d'Océana était peut-être un peu plus individuelle et originale ; Erminia a plus de race, plus de type.

— C'est l'élève de son papa, m'a dit madame Chelli, la mère, tandis qu'elle aidait Erminia à se couvrir les épaules avec une grande pelisse. Elle a commencé à se produire devant le public encore toute petite fille...

A ce moment, un écuyer entra et vint avertir que l'on tendait le filet pour les exercices de mademoiselle Chelli.

Erminia rejeta son manteau, et, avec une voix caressante de fillette, un peu grave pourtant et émue, elle s'approcha de sa mère, lui mit les bras autour du cou :

— Addio, mama, dit-elle en l'embrassant.

Et comme je demandais, un peu surpris :

— Est-ce une superstition, madame Chelli?

La mère me répondit :

— On ne sait pas. C'est son habitude de petit enfant.

Vraiment, malgré le filet tendu, elle serait bien excusable, la pauvre jolie fille, d'avoir une petite seconde d'angoisse, chaque fois qu'on vient la chercher pour son vertigineux travail de trapèze.

Un mois de suite, je me suis cassé la nuque à suivre dans les frises du toit ses exercices extraordinaires. Sans le secours des mains, dont elle se sert comme contrepoids, elle se baisse assez bas pour ramasser avec ses dents un mouchoir posé sur le trapèze. Elle monte à une échelle dont la base repose sur ce morceau de bois rond et oscillant ; enfin, toujours sur ce frêle appui, elle fait tenir en équilibre une boule énorme, puis, sans s'appuyer à rien, elle y monte. Et ainsi, perdue dans le vide, ce globe sous ses pieds, elle semble, la petite acrobate, si belle, si inconsciente du péril, une déesse roulant à travers l'espace avec la terre pour mobile piédestal.

L'enthousiasme avec lequel j'avais chanté dans plusieurs journaux la beauté et le talent d'Erminia Chelli m'attira à ce moment-là un billet d'un fin lettré que je reproduis avec plaisir, car il éclaire d'un jour très véritable les mœurs de ce peuple d'acrobates si inconnues du grand public.

« Monsieur,

« L'article où vous parlez de mademoiselle Chelli me rappelle un souvenir que j'ai plaisir à vous confier.

« Il y a trois ou quatre ans, la famille Chelli vint à Vichy et prit part aux représentations de l'Éden-Théâtre. Le père faisait des tours de force et d'équilibre, la fille ébauchait sur le trapèze volant le travail où elle se distingue aujourd'hui. La mère les regardait l'un et l'autre, les admirait et tremblait.

« Dans ce temps-là, la fillette, qui pouvait avoir quatorze ans, posait déjà une boule sur un trapèze mobile, la fixait tant bien que mal avec ses pieds en se tenant aux cordes, puis, lâchant ces cordes, se levait, se baissait, se tenait sur un seul pied et envoyait à la foule des baisers dont quelques-uns toujours cherchaient sa mère, ordinairement assise au deuxième fauteuil du second rang de l'orchestre; le premier fauteuil était réservé pour l'enfant qui venait retrouver sa mère aussitôt ses exercices finis.

« Ma place habituelle était au premier fauteuil du premier rang. Je ne tardai pas à engager la conversation avec la mère et avec la fillette, dont la décence modeste, la tendresse enfantine pour sa mère, les allures absolument pures de cabotinage m'avaient tout de suite séduit.

« Un soir, je fis jeter un bouquet à la petite Erminia au moment où elle quittait son trapèze. Le lendemain, je demandai à sa mère si cet hommage, applaudi par toute la salle, avait fait plaisir à sa fille.

« — Oh! oui, me dit-elle, et ce matin la petite l'a porté à la chapelle de la Vierge.

« — Elle est donc pieuse?

« — Certainement; il n'y a pas quinze jours, elle a communié; elle communie souvent.

« Je ne vous ferai pas, monsieur, de phrases trop faciles sur un contraste qui se présente vite à l'esprit. Il en est de certains faits comme de la goutte d'eau où, disait déjà mademoiselle de Gournay, se reflète le soleil tout entier.

« Pauvre enfant! a-t-elle fait sans trébucher le rude voyage de la vie qu'elle mène? Je le souhaite : c'est le vœu d'un vieil ami inconnu.

« C. Livet. »

Que le « vieil ami inconnu » de la petite Chelli se rassure. J'ai mangé du macaroni dans la société de mademoiselle Erminia et de sa famille, et depuis son départ de France nous sommes demeurés en commerce amical de billets : la jolie équilibriste est toujours demeurée telle qu'il l'a connue. Comme le cheval occupait toute la pensée de la pauvre Émilie Loisset, le trapèze remplit toute la vie d'Erminia Chelli. Ç'a été chez elle une vocation; toute petite, sous la table, elle balançait ses poupées à un trapèze bâti d'une épingle à cheveux et de l'élastique de sa résille. Et, d'autre part, tout le temps que le cirque ne lui prend point, elle le passe à se faire des chapeaux et à en fabriquer pour ses amies. Ce talent de modiste, c'est son violon d'Ingres. On a bien plus de chances de lui faire plaisir en lui disant : « Comme votre chapeau vous va bien, Erminia! » qu'en lui faisant des compliments sur son talent d'équilibriste.

Erminia est en passe de s'amasser une très grosse dot. — Savez-vous bien que l'on gagne dans les 3,000 francs par mois à marcher la tête en bas sur les plafonds de cirque? — Dans quatre ou cinq ans d'ici Erminia prendra un mari.

— Mais cela n'est pas pressé, dit-elle en secouant la tête, quand on lui parle de ce dénouement.

Elle a raison. La vue de son jeune corps volant dans les frises des cirques est un ravissement pour les païens que les pures curvilignités extasient, et c'est aussi un sujet de méditation pour les philo-

sophes auxquels la petite acrobate donne sans y songer un enseignement symbolique : quand elle a épuisé dans une ascension de difficultés croissantes toutes les combinaisons les plus imprévues de l'équilibre, debout sur sa boule que soutient le trapèze, elle s'arrête, et sur cette limite de la perfection infranchissable, sentant bien qu'il n'y a rien de possible au delà, elle sourit, envoie du bout des doigts un baiser à ceux qui l'admirent, puis brusquement, comme foudroyée, elle tombe dans le filet.

CHAPITRE VI

LES GYMNASIARQUES

L'aventure tragique de Castagnet, le malheureux équilibriste qui s'est tué, au mois de septembre 1888, en tombant de sa corde, a causé dans le public une grande émotion. Ceux-là mêmes qui prêtent, bien à tort, aux pauvres acrobates la pratique de tous les vices, ne purent se défendre d'avouer que, dans ces occasions mortelles, ils admiraient le surprenant courage dont ces parias font preuve. Il faut profiter de ces trêves de mépris pour donner à entendre aux amateurs de beaux exercices physiques que cette habileté ne s'acquiert point sans vertus quotidiennes, dont la moindre est la tempérance, et la plus admirable, une persévérance qui passe l'imagination.

Voilà des années que je fréquente les banquistes et que j'entre dans leurs confidences; je ne saurais trop répéter dans quelle estime je suis d'eux. Leur art tout traditionnel conserve dans les familles des habitudes de respect et d'obéissance qu'on ne trouve peut-être plus ailleurs. Sans doute, il y a des misérables dans la bande, des pères-négriers, de l'étoffe du sacripant que Nils Forsberg a peint autrefois dans un tableau qui a fait du bruit,

Avant la loi Talon, et dont le sujet a paru si cruel, que l'on n'a pas osé l'accrocher aux murs du palais de l'Industrie. Mais c'est là une exception bien plus rare qu'on ne croit. Ces « familles » que

vous voyez pirouetter dans l'arène, franchir les barres fixes et escalader les trapèzes, ont pour la plupart des mœurs patriarcales. La répétition remplit pour ces gens-là toutes les heures de la journée qui ne sont point prises par le spectacle, et tout ce travail des muscles engendre une fatigue physique saine, fortifiante, qui est une excellente école de moralité.

Le premier soin d'une famille d'acrobates qui veut faire avec succès son tour du monde, c'est de perfectionner chacun de ses sujets dans un exercice spécial, en rapport avec ses aptitudes naturelles. Il y a des gens qui naissent acrobates de *tapis,* d'autres que la *barre fixe* réclame, d'autres qui sont nés pour la *voltige.* Il s'agit de ne se point tromper au début de l'éducation professionnelle, car un artiste qui veut pousser loin sa fortune doit se « spécialiser » dès les dents de lait.

Quel que soit le choix où l'on s'arrête, les acrobates de tapis, les sauteurs de barres et les trapézistes ont toujours commencé par se rompre dans un certain nombre d'exercices communs qui sont la base de la gymnastique, comme la gamme est la base de la musique tout entière.

C'est à savoir la série innombrable des sauts.

Le premier que l'on tente de *pied ferme,* c'est-à-dire sans trem-

plin ni « batoude », est le *saut périlleux en arrière*. Il est beaucoup
plus facile à conquérir que le *saut périlleux en avant*. Le néophyte
a les reins sanglés dans une ceinture solide, pourvue d'un anneau
au-dessus de chaque hanche. Des cordes tenues par deux camarades de travail passent dans ces anneaux et
permettent de soutenir le sauteur. Celui-ci
s'efforce de tourner autour de l'axe formé par
les deux cordes, en pesant, de moins en moins,
sur l'appui qui lui est offert. Un jour vient où
il s'en passe tout à fait.

Mais avant de tenter le *saut périlleux en
avant*, l'acrobate traversera toute la série des
équilibres en souplesse. D'abord, la *souplesse
en avant* : les mains posées à plat sur le sol,
de manière à supporter le corps qui s'élève,
les jambes ouvertes au premier temps dans un
bâillement d'Y, puis, au second temps, dans
un allongement d'I.

Ensuite vient la *souplesse en arrière*, où le
corps s'arque en sens inverse, les mains à terre
contre les talons.

Puis c'est la *courbette*, qui s'exécute par un
lancement du corps en arrière, brusque, jusqu'à toucher la terre des mains en même
temps que, à la prise de ce point
d'appui, une vigoureuse détente de
jarret fait rebondir l'acrobate sur ses
pieds.

Celui qui est maître de ces trois sauts primordiaux peut tenter le
saut périlleux en avant sans l'aide des mains. Il n'aura plus pour
éblouir qu'à enchaîner ces diverses combinaisons du saut dans des
« suites » de son invention.

La phrase classique de l'acrobate de tapis s'ouvre par une sou-

plesse *en arrière*. Elle se continue par un *saut de singe,* qui est une décomposition du saut périlleux en arrière, — par la *rondade,* qui est une courbette en arrière, — enfin par un *saut périlleux.*

Mais les sauteurs ne s'en tiennent pas là : chacun d'eux varie à l'infini, par des liaisons de son invention, le dessin de sa période acrobatique. Il y introduit le *saut arabe* (un saut périlleux de côté que l'on obtient en partant du sol d'un seul pied); le *saut de lion,* qui est un *saut de singe en avant;* le *saut de poltron,* où l'acrobate, couché sur le dos, se relève d'un seul coup de reins; le *casse-cou en avant,* un *saut de lion* sans les mains, qui jette l'homme, jambes en l'air, tête en bas, sur la nuque; le *saut de carpe,* qui est encore un relèvement de l'acrobate étendu par une vigoureuse détente d'échine.

Le *double saut périlleux* ne peut être exécuté sur le tapis qu' « en porteur », c'est-à-dire en s'élançant des épaules d'un camarade, ou encore avec l'aide de ce tremplin particulier qu'en argot banquiste on appelle la *batoude*. Avec la batoude, Auriol a franchi vingt-quatre baïonnettes d'un *saut planant* terminé par un *saut plongeant;* — avec la batoude, 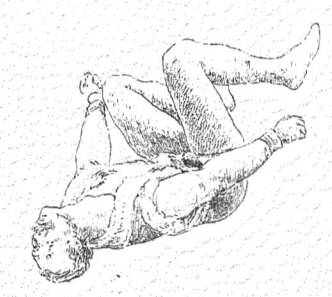 des spécialistes ont passé par-dessus vingt-quatre chevaux; — au gymnase du Marais, chez M. Pascaud, l'année dernière, un amateur, M. Mars, a exécuté un *triple saut périlleux.*

C'est la limite où doivent s'arrêter le

rêve et l'ambition des acrobates de tapis que vous avez vus tant de fois groupés en apothéose dans une de ces *pyramides humaines* qui s'élèvent en une seconde à la force du biceps et qui s'écroulent comme des pièces d'artifice, dans des fusées de sauts périlleux.

On ne peut pas quitter le tapis du cirque sans parler d'une série de personnages qui s'exhibent, à côté de l'acrobate proprement dit, dans des exercices d'un caractère tout spécial.

Ce sont les hommes *contorsionnistes,* les femmes caoutchouc,

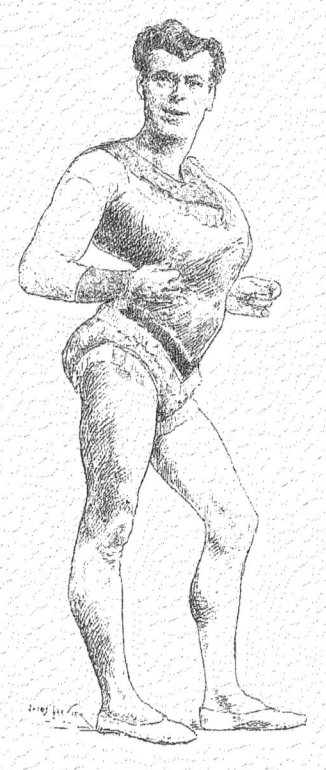

tous ceux que l'on appelait autrefois du nom plus général de *désossés*.

Les désossés, ou disloqués, sont de par le monde plus nombreux qu'on ne l'imagine. Disloquées les danseuses du corps de ballet dont on a désarticulé les pieds, les jambes et les reins pour obtenir de « belles pointes ». Disloqués les danseurs de quadrilles naturalistes, qui ont quitté Mabille pour s'exhiber sur les scènes de cafés-concerts.

Il y a même des disloqués naturels. Tous les Parisiens ont connu dans leur jeunesse un mendiant qui a été célèbre sous le nom de « bossu du pont d'Austerlitz ». Ce saltimbanque de hasard faisait passer sa bosse à volonté du dos à la poitrine et de la poitrine au dos. La colonne vertébrale tournait sans effort d'arrière en avant et d'avant en arrière. Un jour, on le trouva noyé entre deux bateaux de charbon, et son squelette habite encore les vitrines du Muséum.

Mais c'est là une exception. Il faut s'y prendre de bonne heure pour fabriquer un disloqué comme « l'homme à la boule ».

Vous voyez rouler sur la piste une boule de bois, d'un mètre de diamètre environ. Cette grosse sphère monte, va de droite à gauche sur un plan incliné, redescend, puis recommence son ascension comme un être animé. Et vraiment, elle s'ouvre tout à coup pour laisser sortir un disloqué, qui, sans apparence de fatigue, salue le public ébahi.

Personne n'a deviné le secret qui permet à ce contorsionniste merveilleux de plier et de mouvoir son corps dans un si petit espace. Les os, à la place des articulations, sont retenus entre eux par une membrane fibreuse qui les enveloppe comme une sorte de manchon et les tient emboîtés l'un dans l'autre. Cette membrane, appelée « capsule », est très souple ; elle offre surtout chez les enfants une grande élasticité de tension. En entretenant et en développant cette disposition naturelle, on peut obtenir les mouvements anormaux qui surprennent chez les acrobates.

Ceux de Walter, dit l'*Homme-Serpent,* ne sont pas moins extraordinaires.

Je ne vous ferai pas l'injure de croire que vous n'êtes pas allé applaudir cet artiste extraordinaire, et c'est pour les habitants des contrées hyperboréennes que je décris ici son travail.

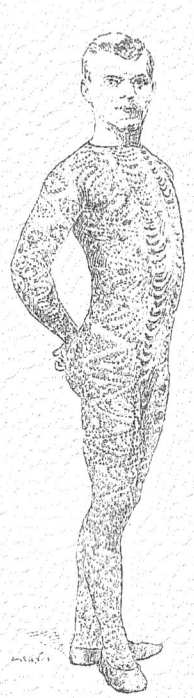

J.-H. Walter entre en maillot noir, pailleté d'argent, académique comme un Antinoüs, nerveux comme un cerf. Il semble que d'un bond il pourrait atteindre les frises. On est tout surpris de voir qu'il ne quitte pas le « tapis ». Ses exercices s'ouvrent par un grand écart inconnu, où, le buste étant renversé, la tête va toucher, en arrière, l'articulation du genou, tandis que la main droite saisit une des chevilles, et que la gauche s'étend, en sens inverse, à plat, sur le sol. Et cette effrayante série de sauts, de tassements, de contorsions, s'achève dans une pose terrifiante qui rappelle les monstrueuses visions des sculptures gothiques, l'acrobate laissant retomber ses pieds qu'il noue sous sa tête, offerte avec les yeux exorbités, le rictus des lèvres, la stupeur morte des crânes de cimetière que soutient l'affreuse croix des fémurs.

Le jour où l'on nous présenta l'un à l'autre, je louai avec l'exaltation convenable une si parfaite virtuosité.

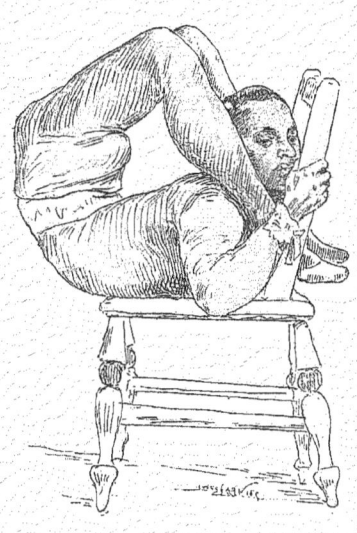

J.-H. Walter parut satisfait de mes éloges; sa raideur britannique se détendit, nous causâmes familièrement.

J'étais bien curieux de savoir si cette monstruosité acrobatique avait rapporté à l'artiste beaucoup de bonnes fortunes féminines. Il me répondit avec franchise:

— Monsieur, la chasteté, que les moines n'observent pas toujours, est obligatoire pour un artiste de mon espèce. Vous imaginez que je n'ai pas en un jour obtenu de mon corps cette obéissance prodigieuse. Le matin même de ma naissance, mon père a commencé de m'assouplir. J'ai grandi dans cette pensée que je serais le plus grand disloqué du siècle, et peut-être de tous les temps. Je ne me suis jamais connu d'autre ambition ni d'autre désir. Pour le point particulier que vous m'indiquez, la plus exacte réserve m'est imposée. J'ai toutes les apparences d'un homme vigoureux; ma poitrine est plus large que la vôtre; mais, là-dessous, je cache des poumons d'enfant, atrophiés par l'écrasement quotidien de ma cage thoracique. La phtisie me guette. Elle m'emportera très jeune, à moins que je ne me casse le cou, un beau soir, en plein cirque, ce que certainement je préférerais.

L'acrobate avait conté tout cela sans pose, d'un ton si naturel, si décidé, que je ne me crus pas en droit de m'apitoyer sur son sort. Mais comme je désirais connaître quel sentiment pouvait survivre, chez un être de culture intellectuelle si médiocre, au sacrifice résigné de la vie, je lui demandai avec intérêt:

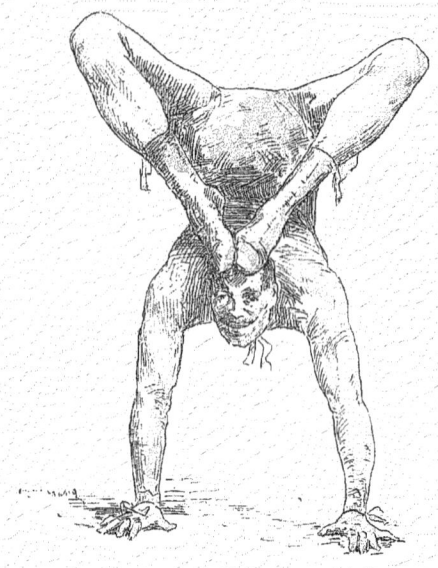

— Je comprends très bien, cher monsieur Walter, que les applaudissements vous apparaissent, tant qu'ils durent, comme un salaire suffisant de vos souffrances passées et de votre fin prochaine. Mais, voyons, quand la fièvre du Cirque est tombée, à des heures d'oisiveté et de solitude comme celles-ci, ne maudissez-vous pas votre destinée?

L'Anglais sourit légèrement.

— J'ai, dit-il, un remède contre l'ennui, une passion qui m'empêche de réfléchir. Je joue, monsieur, je joue follement, des nuits entières, je joue les milliers de francs que mes directeurs me payent chaque mois; pis que cela! J'ai joué mon squelette et je l'ai perdu!

La terrasse du café où nous causions était devenue tout à fait déserte à cause de l'heure tardive; les garçons avaient déjà descendu la devanture; ils rentraient les chaises.

L'Homme-Serpent se leva. Et, comme je le regardais avec des yeux émerveillés, il ajouta:

— On nous chasse d'ici, monsieur. Voulez-vous m'accompagner jusqu'à mon hôtel? je vous conterai cette histoire.

Il me conduisit jusqu'à un family-house de la rue du Colisée, qui n'a guère d'autre clientèle que des acrobates de passage. J.-H. Walter occupait, au premier, une chambre assez confortable. Il alluma sa lampe, et quand nous fûmes assis en face l'un de l'autre, il reprit son récit en ces termes:

— Il y a de cela cinq ans, monsieur. J'étais en représentation à Londres, et, tous les soirs, je jouais au poker dans les tavernes avec une déveine qui ne se lassait pas. Toutes mes économies y passèrent. A bout d'argent, j'eus l'idée de faire insérer dans l'*Era* (vous savez que c'est notre journal professionnel) une annonce où je disais :

— *J.-H. Walter, le célèbre Homme-Serpent, serait disposé à vendre son squelette, à forfait, pour mille guinées, payées de suite.*

« Le lendemain, monsieur, je recevais la visite du célèbre chirurgien John Adams, qui soigne la Reine et toute la famille royale. Il me fit déshabiller, ausculta longuement mon dos, palpa les vertèbres de ma colonne, puis, tirant de sa poche un carnet, sans mot dire, il me tendit un chèque de mille guinées.

« Hélas ! la guigne qui me tenait a dévoré promptement cet argent, après mes gages.

« Voilà dix-huit mois que j'ai jeté sur le tapis vert la dernière guinée du chirurgien. Mais si ce trésor est dissipé, mon contrat subsiste. Pour obéir à une clause formelle, je voyage toujours avec ceci... »

L'Homme-Serpent se leva, s'approcha de son lit, et se baissant, il tira de dessous le sommier un coffre de chêne, étroit et long comme son corps. Une adresse était peinte en grosses lettres noires sur cette étrange boîte à violon :

DOCTEUR J. ADAMS, esq.
Champion Terrace
Denmark Hill.

London.

L'acrobate souleva le couvercle, et je vis que le dedans de la boîte était vide.

— Ceci, me dit-il, est mon cercueil ; je voyage toujours avec lui. Où que je me casse le cou, on m'embaumera à la hâte, on m'emballera dedans. — Voyez-vous cette pancarte collée à l'intérieur de la boîte? C'est une instruction que le docteur Adams a rédigée lui-même, en quatre langues, pour l'édification des croque-morts qui m'enseveliront. Tenez, voici l'instruction en français.

L'Homme-Serpent s'était accroupi, sa lampe à la main. Je m'agenouillai près de lui, et je lus :

« Les personnes qui placeront
« l'acrobate J.-H. Walter dans ce
« cercueil sont priées d'injecter
« dans les veines de son cadavre
« une solution de chloride de mer-
« cure et de vinaigre de bois, d'après
« la méthode du docteur américain
« Ure.

« A défaut de ces substances, on
« pourrait employer une injection
« d'environ quatre litres et demi de
« sulfate de zinc. Ce procédé devra
« même être préféré, dans le cas
« où le transport du cercueil dure-
« rait plus d'une quarantaine de
« jours. »

— Eh bien, me dit l'acrobate quand j'eus fini ma lecture, que pensez-vous de tout cela?

— Je pense, mon camarade, que vous avez dû être tenté plus d'une fois d'oublier ce colis macabre à la consigne des bagages.

Et je souriais pour engager l'Anglais à me livrer toute sa pensée. Mais l'Homme-Serpent me répondit assez sèchement :

— Jamais, monsieur, je n'ai eu une pareille tentation. Un gentleman n'a qu'une parole.

... L'acrobatie de tapis, c'est pour les gymnastes quelque chose comme l'état larvaire. Tous aspirent à prendre leur vol.

Le premier degré de cette élévation, c'est le travail des « barres ».

Le second, le faîte glorieux, c'est la « voltige ».

Quiconque a bouclé une fois sur ses hanches la ceinture de gymnastique, a pratiqué sur la *barre simple* ces exercices rudimentaires.

1° La *traction*, qui s'obtient en élevant le corps sans secousse, à hauteur de la barre, par la contraction des muscles biceps.

2° Le *renversement*, qui est une culbute, tête en avant, les mains serrées autour de la barre.

3° Le *rétablissement simultané*, qui est, au moyen d'un « temps de reins », l'élévation du corps au-dessus de la barre.

4° Le *rétablissement alternatif*, un bras après l'autre.

5° Le *rétablissement sur la jambe*, qui a un corollaire, dit *rétablissement allemand* ou *à bascule*.

6° Le *rétablissement piqué*, qui s'obtient par un grand élan, lequel lance le corps en avant, le ramène en arrière dans un balancement naturel et s'achève par un *rétablissement*.

7° Les *soleils en avant et en arrière*, qui sont des tourniquets exécutés à bras tendus, parfois si rapides que le corps décrit, comme un volant, une suite de cercles autour de la barre.

8° Le *tourniquet dans les jarrets*, exercice analogue au précédent, avec cette différence que, sans le secours des mains, le point d'attache à la barre est pris par le dessous des rotules.

9° Le *tourniquet en pointe de pieds*, exécuté en avant ou en arrière, les pieds et les mains placés sur la barre, les mains en dehors, les pieds en dedans.

Voilà la liste à peu près complète des exercices de l'amateur. Il en est bien peu qui la parcourent dans son entier. On s'arrête au *rétablissement*, et l'on passe tout de suite aux *doubles barres* ou *barres parallèles*, qui ont la vertu hygiénique d'ouvrir largement la poitrine en développant les biceps.

La gymnastique du cirque ne commence guère qu'à l'usage des *triples barres parallèles*. Il y a quelques acrobates de *barres simples* avec *double batoude*; je n'ai jamais vu pratiquer les *barres parallèles* que par un spécialiste, Gustave de Penthièvre, qu'on ne voit plus guère sur les hippodromes.

Au contraire, les *triples barres parallèles* offrent aux acrobates ces insignes avantages : elles sont l'occasion d'exercices infiniment nombreux et variés. Elles permettent la production simultanée de plusieurs gymnastes et, par là, donnent l'occasion à l'artiste de souffler, tandis que son camarade alterne d'efforts avec lui. Ces repos fréquents sont indispensables à cause de l'épuisement qui suit ces dépenses de force violente.

La série des acrobaties que l'on exécute sur les *triples barres fixes* porte le nom de *passes*.

Vous retrouvez là, perfectionnés, élargis, multipliés, tous les exercices de la barre unique. C'est à savoir : les *passes simples*, les *passes demi-pirouette*, les *passes pointe de pied*, les *passes debout*, les *passes sur saut*, les *passes en tourniquet de talon*, les *passes jarret*, les *passes soleil*, les *passes casse-cou*, les *passes talons retour-*

nés. Tantôt on s'élève et l'on s'assoit sur la première barre, en écartant les jambes, et l'on profite de l'élan donné pour sauter, en avant, sur l'autre barre *(passe sur saut);* tantôt on s'élance à reculons et l'on fait volte sur soi-même pour attraper, de face, la barre voisine *(tourniquet de talon);* mais, bien entendu, chaque acrobate a ses passes particulières qui sont des enchaînements de ces éléments, appropriés à son disloquage et à sa vigueur personnelle, et combinés avec les diverses « chutes » : *saut périlleux en avant et en arrière, double saut périlleux en avant, double cassecou en arrière,* etc., etc.

Les Gymnasiarques.

La *barre fixe* ainsi pratiquée est la meilleure école de *voltige*.

Avant que Léotard eût, par un coup de génie, inventé le *trapèze volant,* toute la voltige tenait dans les exercices du *passe-rivière.* Les acrobates ont rejeté avec mépris ces deux cordes qui les tenaient prisonniers par les poignets : aujourd'hui, l'espace leur appartient.

Sauf la *passe debout* et la *passe pointe de pied,* toutes les passes de la *barre fixe* peuvent être exécutées en voltige. On y ose même quelques passes particulières, telles que la *passe ventre,* qui s'exécute en s'élançant par-dessus le trapèze. Mais le mieux placé de ces exercices dans l'estime du public, c'est encore la simple traversée d'un trapèze à l'autre avec quelques mètres de vol planant. Et cet engouement s'explique, car c'est sans doute en cette circonstance que nous est fournie la plus magnifique occasion d'admirer, comme en apothéose, la beauté du corps humain. C'est pourquoi l'idée est vite venue de faire monter des jeunes filles sur le trapèze volant.

Avec la femme, la passion et le crime se sont montrés dans ces demeures sereines de l'air, qui, comme la république des oiseaux aristophanesques, semblaient inabordables à la perversité humaine.

Vous connaissez tous l'angoisse qui serre les poitrines dans la *voltige en porteurs,* quand l'une des gracieuses misses se suspend par les pieds à son trapèze, fait taire la musique et, dans le silence subit, crie à sa compagne :

— *Are you ready?*

La plus jeune des deux acrobates est

remontée sur sa selle; l'œil et le jarret tendus, elle guette le trapèze qui s'avance vers elle en ondes de balancements rythmées, chaque fois plus voisines.

Tout à coup, un mot est prononcé :
— *Go!*

Le jeune corps, lancé par le trapèze comme une fronde, traverse

toute la largeur du cirque, et les mains de la voltigeuse viennent claquer dans les mains de sa camarade. Une secousse balance un instant les deux corps, qui se désenlacent dans un double saut périlleux que reçoit le filet.

Vous imaginez avec quelle facilité une fille jalouse peut, à ces minutes, se débarrasser d'une rivale? Un imperceptible mouvement de reins, un retard d'un dixième de seconde, et celle qui s'est jetée dans le vide est condamnée à mort.

Ce malheur est récemment arrivé par accident; on en a des exemples criminels. Une de ces aventures tragiques a déjà été contée. Les deux héroïnes s'appelaient Ohia et Nella. L'affiche les disait sœurs, elles n'étaient que camarades de travail aérien. Une effroyable jalousie d'artiste les faisait se détester malgré l'entrée par la main et les sourires de cabotinage. Comme il arrive, les acclamations allaient plutôt à Nella, la voltigeuse, qu'à Ohia qui portait. De là, cette malheureuse conçut pour sa camarade une haine si profonde, qu'elle résolut de la tuer.

Un jour donc qu'après le suprême élan, Ohia balançait Nella au bout de ses bras, un brusque déclanchement précipita tout à coup la voltigeuse en dehors de l'axe du filet.

Heureusement, la secousse ne fut pas si violente que Nella ne pût au passage se cramponner à la corde. Elle resta ainsi une minute, étourdie, suspendue au câble sauveur.

Dans les frises, Ohia se balançait toujours. Avertie par les acclamations de la salle qu'elle avait manqué son coup, elle prit un élan formidable, et son corps, lancé à travers l'espace, vint se fracasser contre la palissade de la piste.

C'est ainsi que faillit se vérifier une fois de plus un proverbe qui a cours dans les loges de cirque, et dont tout le monde peut faire son profit :

« Si tu tiens à tes os, ne travaille jamais ni avec le vin ni avec une femme. »

Cet axiome me remet en mémoire une conversation que j'ai eue, autrefois, avec les rois modernes du trapèze : les deux frères Volta.

Ces gymnasiarques sont garçons de bonne famille. Ils ont fait leurs études en Angleterre, dans un de ces collèges campagnards où la jeunesse britannique développe parallèlement les lobes de son cerveau et les biceps de ses bras. Grâce à cette éducation, en même temps que mes deux amis sont les rois de la barre fixe, ils lisent fort bien l'*Iliade* en grec.

Tous deux travaillaient dans la banque. Après dîner, le soir, pour se divertir, ils s'exerçaient dans un gymnase public. Naturellement souples et bien découplés, ils firent des progrès surprenants. Un « manager » qui les vit, par hasard, leur proposa un engagement. Ils se consultèrent.

On gagnait péniblement six cents livres par an, à deux, dans la banque. Et voilà que le Barnum offrait des appointements de quatre mille francs par mois !

Les frères Volta fermèrent leurs registres. Ils franchirent l'Océan d'un saut périlleux et allèrent débuter en Amérique. Là, ils ont soudé leur fortune à celle d'une bande qui possédait déjà deux *trapèzes volants* et un *bras de fer,* les Hanlon, élèves authentiques des anciens Hanlon-Lee. Les Volta apportaient le travail symétrique des *barres fixes.* C'était la gamme complète des exercices de voltige. On pouvait glorieusement faire le tour du monde avec ce bagage.

Je m'étais depuis longtemps promis d'interroger les frères Volta sur un sujet qui pique la curiosité publique.

Nous le savons tous par expérience, les Èves aiment les beaux Adams. Je n'entends point les gommeux à figures de filles, mais les gars bâtis comme des cerfs-volants, qui ont le jarret souple et la poitrine large. A ce point de vue, il semble que le gymnasiarque, qui acquiert la force sans perdre l'agilité, soit l'amant idéal.

J'ai donc demandé aux frères Volta de me dire, en toute sincérité amicale, s'ils trouvaient le soir dans leur loge beaucoup de billets parfumés.

— Je suis sûr, m'a répondu William, le frère aîné, l'orateur des deux, que nous recevons juste autant de poulets que des ténors. D'où vous pouvez conclure, si cela vous plaît, qu'il y a exactement

autant de femmes pratiques que de femmes sentimentales. A moins que ce soient les mêmes curieuses qui écrivent aux ténors et aux gymnasiarques, — ce qui me paraît assez vraisemblable.

— Et comment répondez-vous, mon cher William, aux avances de ces passionnées?

— Nous jetons leurs lettres au feu sans les lire, répondit l'acrobate.

— Vous avez peur d'être tentés?

— Sans doute, les excès nous sont défendus. Il ne faut point se risquer à monter dans les frises d'un cirque quand on a la courbature aux quatre membres. On a tôt fait alors de manquer son coup et de se casser la colonne, — même en tombant dans le filet, dont

le plus sûr effet est de rassurer les spectateurs et la police. Mais ce n'est pas l'unique raison que nous ayons de nous abstenir des femmes. Demandez à Tom son avis là-dessus.

— Nous n'aimons pas les femmes, parce qu'elles sont mal faites, répondit le frère avec une moue dégoûtée.

Cette fois, je ne pus m'empêcher de sourire.

— Parbleu, lui dis-je, mon camarade, vous parlez d'elles en artistes jaloux, vous leur en voulez de ce qu'avec une habileté médiocre, par la seule exhibition de leur corps volant dans l'air, elles s'attirent autant d'applaudissements que vous par l'effort de votre art. Ce n'est pas de la haine de peau que vous avez pour elles, ainsi que vous paraissez le croire, — c'est de la jalousie de métier.

Alors William intervint :

— Thomas a raison, répondit-il. La femme est mal faite. Ce n'est pas un objet d'art, mais d'utilité. Regardez ses hanches qui débordent la ligne tombante des épaules, écrasent les jambes trop courtes, brisent la proportion. Tout cela appelle le mensonge de la robe et défend l'exhibition de la nudité. Au contraire, ce poids de la vie, ce poids de l'amour que la femme porte dans ses flancs, l'homme le soutient sur ses épaules. La femme boite grotesquement enceinte et déformée. Atlas soutient

sans plier le poids du monde sur sa nuque. Lève-toi un peu, Thomas, et montre-nous ton dos...

Le frère, qui fumait, déposa sa cigarette, dépouilla tranquillement sa chemise.

William le considéra un instant d'un regard caressant pour ces lignes pleines, avec une joie d'amateur qui lui mettait le sourire aux lèvres.

— Couchez-moi ce gars-là, dit-il, dans l'ovale idéal de l'œuf où la sculpture grecque a inscrit l'hermaphrodite, et vous verrez s'il crève par les épaules le cadre de la beauté insexuelle !

J'ai souvent entendu exprimer, plus grossièrement et sans conscience d'art, ces vérités esthétiques par d'autres virtuoses du trapèze.

A des siècles de distance, la vie du gymnase a rétabli les mœurs amoureuses qui surprennent le lecteur moderne à la lecture du *Banquet*. Cet étonnement n'est point digne de philosophes. Il est logique que, à travers les âges, de causes identiques sortent d'identiques effets.

La femme antique demeurait enfermée dans le gynécée. On l'avait rarement sous les yeux.

La femme est bannie du moderne gymnase par sa destination naturelle d'épouse, de mère et de nourrice.

L'homme grec s'éprenait dans le gymnase de l'éphèbe, qu'il contemplait quotidiennement beau et nu.

Le gymnasiarque moderne

admire avec tout autant d'intensité le camarade de ses exercices périlleux. Et ce serait mal connaître la nature humaine que de demander comment il passe de la notion de cette beauté au désir de cette beauté, c'est-à-dire à l'amour.

J'écris ce mot sans crainte de vilaine équivoque.

Nous sommes ici en face d'hommes simples et sains, domptés par un effrayant labeur, débarrassés du vertige sensuel par la lassitude physique.

Presque toutes ces amours de gymnase sont donc sentimentales et chastes. — Vous y trouvez d'abord cet élément de tous les amours : la protection du plus faible par le plus fort. Il y a, en effet, dans tout couple d'acrobates, un mâle et une femelle, le héros fort, le porteur, en argot, « l'homme du dessous », celui qui soutient le poids de tout l'exercice, celui auquel « l'homme du dessus » confie sa vie. Celui-là, c'est le plus jeune, le plus souple, le plus gracieux. C'est à lui

que vont les applaudissements. Il recueille le meilleur des bravos. Il n'existe que par le sacrifice de celui qui le porte et qui l'aime.

« Il faut que nous comptions les uns sur les autres », me disaient un jour les Hanlon, à propos de leur jeune camarade « Bob », l'enfant gâté de la troupe.

Traduisez :

« Il faut que nous nous aimions comme s'aimaient les jeunes soldats de la légion thébaine, comme se sont aimés Castor et Pollux, à qui la légende n'a pas donné de maîtresse. »

Cette constatation de la beauté supérieure, absolue de l'homme, est si bien liée aux pratiques de la gymnastique, que vous voyez tous les hommes de culture relevée qui s'adonnent aux exercices physiques acquérir, avec le goût du trapèze, ces raffinements esthétiques.

Le plus illustre exemple que l'on puisse citer en ce genre est sans doute celui de Pierre Loti.

Vous qui avez lu son roman d'*Azyadé*, vous savez avec quelle chaleur lyrique il parle de la gymnastique.

Rappelez-vous d'autre part la tendresse du romancier pour le *Frère Yves;* rappelez-vous l'enlacement des *Pêcheurs d'Islande* au gouvernail de leur bateau, et vous imaginerez plus aisément par quelle discipline la gymnastique conduit l'acrobate épris de son art à l'admiration esthétique de l'homme.

Pour moi, je n'ai jamais mieux compris qu'à la lecture des livres de Pierre Loti cette épithète que Pindare jette à la face d'un vainqueur d'Olympie, dans une antistrophe lyrique :

« ...O gymnastique inféconde !... »

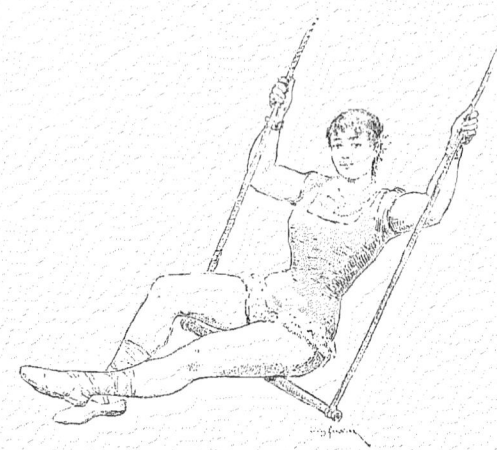

CHAPITRE VII

LES CLOWNS

Entre tous les porteurs de paillons qui font courir la foule aux cirques, aux hippodromes, à tous les spectacles où l'on exhibe de beaux animaux humains, les clowns sont surtout fêtés. C'est leur pirouette qui fait recette ; ils sont l' « attraction », le « numéro » glorieux d'un programme. Comme ils sont peu nombreux, — une trentaine tout au plus disséminés sur la surface du globe, — les directeurs se les disputent à coups de dollars. Ils contractent, comme des ténors-étoiles, des engagements à des lustres de distance ; ils touchent des traitements d'ambassadeurs. Et leurs exigences vont croissant avec leur succès. On m'a dit dans les agences que jamais leur cote n'avait été aussi élevée que dans ces dernières années.

Si bon accueil qu'il ait trouvé chez nous, le clown n'est pas une création de l'esprit latin. Nous avions inventé, nous autres, les personnages de la comédie *dell' arte*, les trois types, les trois masques où se ramènent toutes les expressions de la physionomie humaine :

Pierrot le poltron, Arlequin l'astucieux, entre eux deux, la perverse Colombine ; et, pendant des siècles, nous avons fait se mouvoir ces trois pantins dans la nuance et dans la variété des pantomimes psychologiques.

Aujourd'hui, la pantomime italienne est un art perdu. Déjà, du temps de Watteau, les pauvres masques prenaient un contour vague, l'inconsistance d'un brouillard. Ils se sont tout à fait effacés, évanouis dans le nuage de poussière que le clown, lancé pardessus la Manche d'un coup de tremplin, a soulevé en tombant sur nos tréteaux.

Étymologiquement, le clown, c'est le rustre, le paysan grossier, batailleur, ignorant, nigaud, qui traverse de ses calembredaines les sombres drames de Shakespeare. Ce personnage falot était en Angleterre l'accessoire indispensable de tous les spectacles de tréteaux ; il est proche cousin de notre Jocrisse, qui porte, lui aussi, des vêtements de campagnard aisé et se fait berner par les gens de la ville.

Ce clown shakespearien n'a pas disparu. Vous le retrouverez encore aujourd'hui, avec ses attributions traditionnelles, dans les trois troupes de l'*Hengler's Circus* qui parcourt constamment l'Angleterre et qui, à l'époque de Noël, donne des représentations simultanées à Londres, à Liverpool et à Dublin.

Je me souviens d'avoir pénétré, un dimanche matin, à Londres, dans l'arène de ce Cirque National, et de n'avoir pas été médiocrement surpris de trouver toute la troupe en costume de ville, réunie dans la piste. Un personnage vêtu de noir, qui tenait une Bible à la main, haranguait les acrobates. C'était un pasteur. J'ai su depuis que M. Hengler exigeait de tous ses artistes l'assiduité aux exercices religieux du dimanche.

Dans cette maison de tradition, le clown shakespearien, — le *jester*, — comme l'appelle l'argot du métier, est vêtu d'un maillot blanc, chargé de découpures bleues ou rouges, grossièrement appliquées; il a, par décence, les hanches enveloppées d'une draperie; il est coiffé d'un chapeau de fou. Ainsi accoutré, il ne fait point de cabrioles; il déclame des tirades de Shakespeare, chante des mélodies irlandaises qui ravissent le public des petites places.

Vous imaginez bien que cet homme-là ne peut pas être désencadré. Le patois d'Old Tom, les tirades du *Roi Lear* sont pour ne réjouir personne dès qu'on sort du Royaume-Uni. Il faut d'autres ressources pour voyager.

Le *jester* regarda donc autour de soi s'il ne trouverait pas à faire quelque utile emprunt à des camarades de planches pour compléter son portemanteau de voyage. Et, tout naturellement, il se fit écolier chez les *minstrels*. Il n'y a pas moyen de faire une sérieuse histoire du clown sans parler de ces mal blanchis. Le clown moderne, acrobate, musicien et pantomime, est né du mariage du *jester* avec le *minstrel*.

Les amateurs de vieux livres qui ont été rôder l'hiver dernier du côté du quai Voltaire ont pu voir, à l'étalage d'un marchand de curieuses estampes, toute une collection de mauvaises chromolithographies new-yorkaises qui arrêtaient et faisaient rire les passants. Cela représentait des mésaventures d' « hommes de couleur », caricaturés par leurs anciens maîtres; c'étaient des chutes extravagantes dans des seaux d'eau, des ruades de chevaux dans la mâchoire, des éclatements de fusils qui dispersaient le nègre, —

comme le capitaine Castagnette, — en mille morceaux dans l'espace. Et, toujours, ces bouches édentées étaient fendues d'un pied en travers, les jambes étaient lancées par-dessus les têtes crépues, dans des danses extravagantes qui semblaient rythmées sur des coups de fouet. Il n'y avait pas de nom d'auteur au bas de ces grossières images, seulement signées par deux éditeurs de New-York, Currier et Ives.

Toute la pantomime anglaise, la pantomime macabre des Hanlon, des Pinauds, des Renard, des Léovil, des Ramy, des Leopold, existe en puissance dans ces gaietés d'esclaves, dans ces souplesses de singes dansant la bamboula pour dérider des maîtres cruels.

L'affranchissement est venu, le fouet ne règle plus la danse épileptique du noir; mais sa gambade saccadée avait si fort diverti le « massa » qu'elle a survécu à l'esclavage même dans une institution essentiellement américaine et anglaise : celle des *minstrels*.

Parcourez tous les *music halls* de Londres, et vous trouverez sur les tréteaux un chœur étrange d'hommes en habit noir, barbouillés de suie et assis en éventail. A Saint-James

Hall, le spectacle est particulièrement curieux. C'est là que MM. Moore and Burgers exhibent leurs compagnies de ménestrels. Le fond de la scène est occupé par l'orchestre, par des joueurs de *benjo,* — c'est la guitare montée sur un tambour de basque, — et par des claqueurs macabres, secoueurs de castagnettes en bois qui ont la forme de tibias *(bownes).*

On joue, on chante, on danse la gigue, on débite des plaisanteries. C'est l'affaire des deux chefs de la bande : le pitre et le contre-pitre.

Ces bons mots *(gags)* sont mêlés d'aphorismes prudhommesques et de réflexions sentimentales qui n'auraient guère de succès chez nous. Entre autres, j'ai retenu celle-ci, qui me paraît tout à fait caractéristique :

Le contre-pitre. — Qui vaut-il mieux perdre, sa femme ou sa mère ?

Le pitre. — Sa femme. Une femme se remplace toujours, tandis qu'il n'y a qu'une mère dans le monde !

Les spectateurs applaudissent, puis subitement s'arrêtent au signal qu'un vieux monsieur, assis derrière une table, donne en frappant sur son pupitre avec un marteau de commissaire-priseur.

— *Next song will be a danse!* (La prochaine chanson sera une danse!) clame ce régisseur d'une voix nasillarde.

Les spectateurs se tordent de rire, et le numéro change.

En été, sur les plages de bains de mer, vous retrouverez ces ménestrels. La guitare au poing, vêtus du pantalon de cotonnade des anciens esclaves, toujours en habit noir, le monocle dans l'œil, des chapeaux de paille sur leurs têtes cirées, ils se font appeler les

Ethiopian serenaders. Ils vont par bandes et donnent des représentations en plein vent.

Très lestes, très souples, ils pratiquent dans des danses violentes une gymnastique qui ressemble assez au « chahut » de nos chienlits.

Le grand écart leur est aussi familier que le saut périlleux, etc.; ces deux exercices font presque tout l'intérêt des pantomimes que les menstrels esquissent quand ils sont las de gratter le *benjo*.

Les succès acrobatiques des ménestrels indiquaient le chemin aux clowns ambitieux de faire au globe terrestre une ceinture de sauts périlleux. La « pirouette » avait pour soi qu'elle serait comprise par les spectateurs de tous les pays. Le clown se mit en route sans autre bagage.

Cette émigration anglaise date à peu près de 1865. Ce fut l'époque des belles entrées de clowns sauteurs qui étoilaient toute la piste de leurs cabrioles. Ils faisaient le « tapis », la grande et la petite « batoude », c'est-à-dire le saut périlleux avec tremplin par-dessus une muraille de chevaux.

Tout en voyageant, l'ancien « jester », devenu acrobate, apprenait les idiomes des divers pays. A quelques mots jetés au milieu de ses exercices, il s'aperçut vite que sa prononciation anglaise soulevait facilement le rire. Son accent divertissait surtout les Parisiens. Il pensa qu'on pourrait tirer grand parti du *brocking french* pour gagner de beaux appointements en ménageant ses jarrets. Et, tout de suite, la corporation se divisa en deux branches.

Les clowns qui se découvrirent un tempérament de « bonisseur » renoncèrent au tapis et à la « batoude » pour parler au public.

Pour ceux que la gymnastique avait conquis, ils se tournèrent vers la pantomime acrobatique.

C'est ici qu'il convient de tresser une couronne de laurier et de fleurs immortelles au clown Billy-Hayden ; cet artiste incarne le type du clown parleur, et un jour, dans l'histoire du théâtre, il tiendra, soyez-en sûrs, une aussi belle place que feu Deburau.

Billy m'a conté son histoire. Il est né à Birmingham, sa vocation date de la petite enfance. Un jour, grimpé sur les épaules de son père, il assista aux exercices d'un acrobate en plein vent qui montait à la perche mobile. Ce spectacle porta à l'enfant un grand coup dans le cœur ; rien ne put l'empêcher de suivre la vocation qui lui était née.

Billy est un élève des ménestrels. Au début de sa carrière, il a couru le monde, barbouillé de noir. C'est en Allemagne qu'il eut pour la première fois la pensée de s'enfariner comme Pierrot. Du coup il obtint un succès très vif. La finesse de son masque, jusque-là perdue dans la suie, apparut subitement sous la farine. Et l'audace de tout oser vint au clown par l'encouragement de la faveur publique.

Presque toutes les charges dont il nous a égayés sont des canevas empruntés aux ménestrels. C'est toujours la scène du pitre et du contre-pitre qui faisait le fond de l'ancienne parade. Au cirque, le contre-pitre, c'est l'écuyer, l'homme du bon sens qui corrige la sottise enfantine du clown.

Le clown Footeet joue avec beaucoup de naturel une de ces

scènes traditionnelles. On le hisse sur le cheval, la tête du côté de la queue, et il s'écrie :

— Oh! ce cheval n'a pas de tête.

L'écuyer répond gravement :

— Elle est de l'autre côté, clown.

— Tournez-la par ici.

— Cela est impossible, clown; il faut que vous vous détourniez vous-même.

Footeet aime mieux sauter que causer. Pour Billy-Hayden, qui est paresseux comme son âne, il préfère les boniments aux culbutes. Il a dans son répertoire une admirable histoire d'enfant volé.

Quand l'écuyère descend de son cheval, Billy se tourne vers M. Loyal et dit :

— Môa aussi, jé èté oun cholie pétit démoisel'.

— Allons donc! clown!

— Vô n'étiez pas là quand jé suis né? Môa, j'y été. Alôrs jé dois savoir mieux que vô!

Et d'une voix lamentable, il conte sa mésaventure :

— La bonn' mé promènait dans oun vouâture d'enfant, et ell' s'assoit sur le bi-du-bout-du-banc à causer avec oun militair'. Et alors oun vieil' sorcière é venue avec oun pétit garçon. Et ell' a pris môa la choli pétit' fill' de la vouâture d'enfant', et ell' a mis à la place môa, le vilain petit garçon, dans la vouâture d'enfant. Et depuis ce temps-là jé souis oun vilain pétit garçon !

Là-dessus, Billy tire de sa poche un mouchoir indescriptible, et il fond en larmes.

Ceux que ce comique ne déride point et qui préfèrent le drame à la comédie gardent toutes leurs tendresses pour le clown acrobate, héritier du génie des Hanlon-Lees.

Cette transformation radicale du genre clownesque tentait le *jester,* par toutes sortes d'avantages : d'abord, remplaçant les boniments par des gestes, elle servait la taciturnité naturelle du caractère anglo-saxon, qui ne dispose point des ressources de la faconde italienne ; puis elle devait provoquer irrésistiblement l'applaudissement par le contraste imprévu du saut périlleux exécuté avec une perfection rigoureuse, brusquement, après de ridicules ébauches de tournibale.

Dans cette évolution, le clown s'exposait à un danger, celui-ci : qu'on vînt à le confondre avec le gymnasiarque de profession, dont il reproduisait les exercices. Le péril était pourtant plus apparent que réel. Le travail du gymnaste a un caractère tout particulier, tout traditionnel, dont il n'est permis à aucun fantaisiste de sortir.

Il a pour but immédiat le spectacle des mouvements hardis du corps humain et des attitudes harmonieuses. C'est surtout un exercice plastique. L'art du clown, au contraire, doit viser à provoquer le rire et non l'applaudissement. Il s'adresse bien moins aux sens qu'à l'intelligence. Il n'est pas, comme la gymnastique, prisonnier de règles classiques, immobiles. Il a le droit d'obéir aux imaginations de la fantaisie la plus échevelée. Ce n'est pas un art grec, c'est un art anglais, et à ce titre il reflète dans toutes ses nuances le génie du peuple anglo-saxon.

Le caractère anglo-saxon a pour dominante la mélancolie. C'est lui qui a engendré le spleen, les idées noires et cette déraison systématique, calculée, première étape de la folie, que les Anglais eux-mêmes appellent l' « excentricité ». A cette tristesse, l'Anglo-Saxon associe une certaine brutalité. Elle éclate dans tous ses jeux, elle souille ses plaisirs, elle donne à ses vices une couleur particulièrement sombre. Ici l'on cultive la gymnastique, non pour la beauté dont elle habille le corps, mais pour la pesanteur meurtrière qu'elle donne aux poings du boxeur. C'est le pays cruel où l'on a formulé pour la première fois la loi de la lutte pour la vie.

Le clown, fils direct du génie saxon, s'est dit :

— Pour plaire à mes compatriotes, qui ont sur toutes choses le culte de la force, pour m'imposer à leur admiration, il faut d'abord que je sois vigoureux. Je commencerai donc par développer la violence de mes muscles. Quant à ma pantomime, si je veux qu'elle réussisse, elle doit, par l'incohérence de ses actions, par la saccade de ses gestes sans nuance, par l'automatisme de ses mouvements, donner le spectacle terrible de la déraison.

Dans cette pensée, le clown anglais s'est imposé la livrée du deuil, le noir et l'argent ; enfin il a rompu la blancheur de son masque enfariné de Pierrot par deux taches rouges, par deux taches sanglantes : les stigmates de la boxe et de la phtisie anglaises.

Ce clown macabre est entré chez nous sur les paquebots que lestaient les livres de Darwin et les commentaires des schopenhauérisants. Nous avions pour une heure épousé la tristesse de nos voisins ; l'acrobate noir fut bien reçu.

On se souvient de l'accueil que trouvèrent, à Paris, les Magilton et les Hanlon-Lees. C'était la première fois que l'on nous faisait goûter à la pantomime anglaise. Cet art exotique bousculait toutes nos idées de logique, il était en opposition

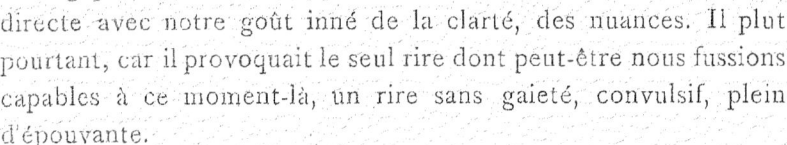

directe avec notre goût inné de la clarté, des nuances. Il plut pourtant, car il provoquait le seul rire dont peut-être nous fussions capables à ce moment-là, un rire sans gaieté, convulsif, plein d'épouvante.

Les Hanlon-Lees! Que de belles émotions artistiques ce nom évoque dans la mémoire des Parisiens! Aujourd'hui la troupe est disséminée à travers le monde, il y a des Hanlon-Lees d'un côté, des Hanlon-Volta d'un autre ; trois des frères sont morts, et leur camarade Agoust les a abandonnés pour devenir régisseur du Nouveau-Cirque.

Cet homme intelligent et aimable, qui se propose d'écrire un jour ou l'autre les souvenirs de sa vie accidentée, m'a conté dans le détail l'histoire des Hanlon, — l'histoire vraie, pas celle que vous trouverez dans un petit livre qui a été publié sous le titre de

Mémoires des frères Hanlon-Lees, avec de jolis dessins de Regamey et une éblouissante préface du maître, Théodore de Banville.

C'est à Chicago, vers 1865, que les six frères Hanlon, Thomas, George, William, Alfred, Édouard, Freddy, rencontrèrent pour la première fois Agoust. Ils travaillaient alors comme acrobates au trapèze et sur le tapis. Thomas et Alfred, deux garçons admirablement bâtis, faisaient les « hommes du dessous », les « porteurs » dans la pyramide. Les autres frères étaient plutôt naturellement chétifs. Ils ont toujours enfilé deux maillots. Sous le maillot de soie — celui qu'on voit — un autre maillot dit, dans le vocabulaire acrobatique, *un trente-cinq francs*. A la place des muscles, ce maillot-là porte des chevelures de laine que l'on peigne avec soin de bas en haut pour obtenir de belles saillies, et c'est une excellente plaisanterie entre artistes de s'enfoncer là dedans des épingles chargées de petits drapeaux blancs.

A Chicago, les Hanlon faisaient de la voltige, Agoust jonglait. On s'était adjoint Tanner avec ses chiens et une danseuse de corde : pourtant le spectacle était trop court. Agoust, qui avait été directeur du théâtre du Jeune-Henri, mime et chef de ballet, proposa aux Hanlon de jouer la pantomime. Il les fit travailler sur deux vieux canevas de Deburau, *Arlequin statue* et *Arlequin squelette*. L'expérience réussit, et, en 1867, la petite troupe vint à Paris, où elle commença sa réputation avec la pantomime du *Frater de village*.

La guerre de 1870 sépara tout le monde. Les Hanlon repartirent pour l'Angleterre avec la troupe Strandges, qui était venue s'installer au Châtelet. Agoust s'engagea dans un bataillon de marche.

Ce fut en 1876, au Walhalla de Berlin, que l'on se retrouva. Les Hanlon s'essayaient à monter une scène empruntée aux ménestrels, le célèbre *Do, mi, sol, do*. Ils jouaient en nègres.

— Que pourriez-vous bien faire là dedans? demandèrent-ils à Agoust.

Il répondit :

— Vous n'avez pas de chef d'orchestre. Je m'installerai au pupitre.

Et les cinq Hanlon associèrent cet ancien compagnon à leur fortune pour remplacer le sixième frère, mort en Amérique. Thomas Hanlon était tombé à Cincinnati en faisant le *saut pour la vie* et s'était fendu la tête sur la rampe. On l'avait raccommodé tant bien que mal, mais il souffrait des douleurs atroces quand les frères sautaient à pieds joints sur sa pauvre tête recollée. Il criait :

— Je ne veux pas ! Je ne peux plus !

— Lâche ! fainéant ! répondait George, l'homme terrible de la bande.

Et il inspirait tant d'effroi à son porteur que le malheureux Thomas se laissa faire et, au bout de quelques mois, devint fou.

C'était, d'ailleurs, une bande de féroces travailleurs, ces frères Hanlon ! Tous les jours, excepté le dimanche, ils répétaient de dix heures du matin à deux heures, et dans la journée de quatre heures à six. Quand on était las de sauter, on s'asseyait, on travaillait mentalement.

— Mes garçons, ne buvez jamais avant la représentation, disait George. Après, faites ce que vous voudrez.

En leur qualité d'Irlandais, les Hanlon buvaient sec et s'enivraient assez régulièrement au sortir du théâtre. Mais ces ivresses elles-mêmes n'étaient pas perdues pour le travail. On se réunissait le lendemain, on se contait ses rêves. On essayait d'en faire un spectacle.

Do, mi, sol, do eut, aux Folies-Bergère, un succès extraordinaire. Les Hanlon avaient été engagés pour un mois, à raison de 9,000 francs. Le soir de la première représentation, ils signèrent un engagement de 15,000 francs par mois, et ils jouèrent leur pantomime pendant treize mois de suite.

Do, mi, sol, do et le *Voyage en Suisse* furent promenés, avec un succès fou, à travers la Belgique et l'Angleterre. C'est là qu'Agoust se sépara de ses camarades. L'histoire de ce divorce mérite d'être contée. Elle est caractéristique de la férocité de ces terribles hommes-diables.

Les Hanlon rêvaient de partir pour l'Amérique, et, pour ce voyage, ils voulaient remplacer Agoust par un bouche-trou qui n'absorberait point la sixième partie des recettes. Agoust souhaitait au moins terminer avec ses anciens camarades la tournée d'Angleterre. Il refusa net de se retirer. Alors commencèrent une suite de scènes macabres qui rappellent la tragi-comédie de M. Catulle Mendès, *la Femme de Tabarin*.

Les Hanlon voulaient tuer Agoust comme par hasard, pendant la représentation, en scène. Il y avait un moment où le compagnon devait passer à travers une glace de six mètres de haut sur laquelle Édouard était monté. D'ordinaire Agoust prenait son élan et, au moment voulu, criait : « Go ! » pour avertir son partenaire. Édouard n'attendait plus le signal d'Agoust pour abattre la glace. Dans une autre scène, où les frères poursuivaient autour d'un poêle Agoust déguisé en gendarme, on cherchait à assommer le paria à grands coups d'un baromètre géant déchargés sur la poitrine et sur la tête. Agoust, pour se défendre, avait fini par s'armer d'un vrai sabre.

— Le premier qui me blesse, je le tue, murmurait-il les dents serrées.

Et le public, ravi de l'entrain de ces acrobaties, applaudissait à rompre.

La pantomime anglaise n'a pas besoin de ses dessous tragiques pour nous frapper d'admiration et d'épouvante. Nous avons eu dernièrement, à Paris, deux compagnies d'artistes, les Léopold et les Pinauds, qui ont rappelé aux connaisseurs les meilleurs jours des Hanlon-Lees.

Je songe surtout aux Pinauds, dont le talent est tout à fait hors

de pair. Lors de leur passage aux Folies-Bergère, j'ai fait la connaissance de ces trois mimes américains. Ils ne sont point frères, mais amis. Ce sont des gentlemen tout à fait distingués. Je le dis sans ironie; vous les rencontreriez dans les salons de l'ambassade des États-Unis que vous n'auriez pas surprise de les trouver là.

Ils ont un culte pour leur art, qu'ils vantent avec passion et dont ils raisonnent en gens qui ne se livrent point au hasard, mais qui font concourir tout l'effort de leurs inventions à la mise à effet d'une intention unique.

J'ai vu plusieurs fois de suite leur étrange pantomime. Je serais bien embarrassé d'en donner l'analyse. C'est avec des changements de costume instantanés, des poursuites folles, des déguisements grotesques, une succession d'actions sans lien, juxtaposées.

Un monsieur joue de la guitare : il est constamment dérangé par les entrées et les sorties de personnages étranges, qui traînent avec eux des animaux. Et tous ces animaux sont des instruments de musique. Tout est musique dans cette pantomime : le cochon que le paysan tire après soi, l'affût du canon avec lequel un malfaiteur envoie un obus dans le dos du guitariste. La dernière partie de la charge est remplie par les tribulations du paysan au cochon. D'abord ce rustre est brusquement chargé par un taureau noir, qui fonce à coups de cornes sur son parapluie. Le paysan soutient vaillamment l'assaut des coups de cornes et des coups de queue. Il chasse son ennemi et, fier de sa victoire, s'assoit pour se reposer dans une attitude de triomphateur ; mais, vlan ! un mauvais plaisant met le feu au chapeau de John Bull, qui éclate comme un pétard et s'envole dans les frises. Le paysan désolé lève les bras au ciel. Il est tout de suite exaucé. Du haut du plafond, comme d'une corne d'abondance, tombe sur la scène une pluie de coiffures. Et ce sont d'ignobles chapeaux tout cabossés de bookmakers et de pauvresses irlandaises, un lot de ces couvre-chef informes, comme on n'en voit qu'à Londres, où l'ouvrier n'a point sa coiffure à soi, mais s'affuble de la défroque des riches, ce qui donne à sa misère l'aspect d'une mascarade.

Le paysan essaye vivement une vingtaine de ces chapeaux. Il n'y en a pas un qui aille à sa tête. Il lève les bras une seconde fois dans un geste désespéré, et la toile tombe.

Avec cette manie que nous avons, nous autres Français, de vouloir que, malgré tout, les choses aient un sens, j'ai demandé aux Pinauds ce que signifiait leur pantomime.

— Absolument rien, m'a répondu l'un deux. Nous nous appliquons, au contraire, à détruire tout enchaînement entre les numéros de notre spectacle. Nous voulons seulement donner au spectateur l'impression de la terreur violente et de la folie. Et pour cela nous montrons un homme épouvanté par les apparitions successives d'animaux qui tous font de la musique quand on les touche.

Je l'écoutais dire, et malgré moi je me souvenais de cette question, toujours la même, que j'ai entendu poser par le médecin du Dépôt aux fous alcooliques que la police ramasse dans les rues :

— Vous voyez des bêtes, n'est-ce pas, des animaux qui grouillent autour de vous ?

Tous répondaient oui, en baissant la tête.

Ces hantises d'ivrogne, ces apparitions d'animaux, c'est toute la pantomime anglaise : des cauchemars de buveur de gin, roulé dans un ruisseau à la porte d'un bar.

C'est encore aux Folies-Bergère que l'on nous a exhibé les Craggs, « gentlemen acrobats ».

Ils arrivaient de New-York, où ils avaient remporté un succès extraordinaire. Ils ont fait là de brillantes affaires pendant dix semaines d'engagement, à raison de 100 dollars la soirée.

Vous les voyez entrer sur le théâtre, sept à la queue leu leu, en habits noirs, en cravates blanches. Ils s'alignent sur le devant de la scène, ils baissent la tête ; vous croyez qu'ils vont saluer, tout bonnement, comme vous, comme moi. Vlan ! ils font le saut périlleux. Sept sauts périlleux de front. Cela est si vite exécuté qu'on se demande si l'on ne rêve point. Très correct, d'ailleurs, très correct !

Pas une des coiffures n'est dérangée, pas un des nœuds de cravate n'est défait, pas un des plastrons blancs n'est froissé.

Il faut croire pourtant que l'habit gêne les gentlemen aux entournures, car, avec une grande lenteur de mouvement, un flegme parfait, les sept Craggs se dirigent vers le fond du théâtre, et là,

une, deux, trois, en mesure, comme à l'exercice, ils mettent bas leurs sept fracs et ils apparaissent en quatorze manches de chemise.

Et à partir de ce moment-là, pendant une demi-heure, ce sont des acrobaties inimaginables.

Les sept Craggs montent les uns sur les autres ; les sept Craggs s'écroulent comme des châteaux de cartes. MM. Craggs seniors font tourner autour de leur bras MM. Craggs juniors. Il y a toujours la moitié des Craggs qui a les jambes en l'air, pendant que l'autre moitié a la tête en bas. Et quelle tenue! comme nous sommes loin des sourires, des baisers au public, des roulements d'yeux de l'acrobate italien! Nous verrons que, au Cirque Molier, on a pu faire des clowns passables avec des gentilshommes authentiques. MM. Craggs nous ont prouvé, ce qui était moins attendu, qu'avec des clowns de profession l'on pouvait faire des gentlemen parfaits.

Comme j'ai mission de trahir les secrets qu'on me confie, j'ap-

prendrai au public, au monde, que les Craggs ne sont pas sept frères, ainsi qu'on serait tenté de le croire, mais une famille composée du père Cragg, de six fils Cragg et d'une petite sœur Cragg.

M. Cragg le père va sur quarante-deux ans; il a l'air d'être le frère de son fils aîné, qui n'en a pas encore vingt-quatre. La petite fille qui porte si galamment l'habit prétend qu'elle a quatorze ans.

J'ai embrassé cette jeune miss, après la représentation, et je lui ai fait mes compliments bien sincères.

— C'est une petite Australienne, m'a dit M. Cragg, le père, en souriant avec bonté.

— Une Australienne, monsieur Cragg?

— Oui, elle est née à Sydney, tandis que ses frères et moi, nous donnions nos représentations en Nouvelle-Zélande et en Chine.

Les Craggs sont retour de Pékin.

Ils ont fait le tour du monde en habit noir, le gardenia à la boutonnière, et Barnum a jeté pour leur passage des ponts d'or sur les Océans.

Quand je vous disais que l'heure est venue d'écrire la monographie du clown-roi!

6, rue Benouville

CHAPITRE VIII

LES CIRQUES PRIVÉS

... Pendant que l'acrobate s'efforçait de devenir un homme du monde, l'homme du monde devenait un excellent acrobate. Les « classes dirigeantes » ont voulu avoir leur Léotard. Le gentleman a quitté sa stalle de cirque pour monter sur le panneau, sur le trapèze.

M. le lieutenant Viaud, — en littérature Pierre Loti, — a été un des premiers à oser cette métamorphose.

Ceux qui ont lu ses romans d'un peu près savent en quelle estime il tient la beauté humaine. En particulier dans *Azyadée,* il y a des pages entières infiniment curieuses, un peu inquiétantes, mais

d'une franchise toute païenne, où la gymnastique est louée avec un lyrisme technique.

M. Pierre Loti pense comme les platoniciens que le corps doit être formé, embelli avec autant de raffinement que l'intelligence. Certain de la supériorité de son esprit, il a voulu que cette vigueur cérébrale fût servie par des muscles d'athlète. Il a travaillé avec une patience infatigable à corriger en soi-même la débilité de la nature.

Et vraiment il a transformé son corps par la pratique du gymnase. Aujourd'hui, bien ramassé dans sa taille moyenne, il donne l'impression de la force et de l'agilité. On sent que réside en lui cet élan de la détente qui enlève le corps du sol, l'arrache aux lois de la pesanteur.

Aussi bien, — la chronique des ruelles l'affirme, — Pierre Loti, mêlé à une troupe d'acrobates, aurait, il y a peu d'années, paru comme « numéro » de trapèze dans un cirque du midi de la France. Le ministre de la marine se serait alors ému de cette fantaisie...

L'histoire est-elle exacte?

En tout cas, elle est vraisemblable, et elle témoigne, ce qui nous importe, de la haute estime aujourd'hui professée par une élite pour un art que la génération qui nous précède a décidément trop méconnu.

Ils n'étaient même pas nombreux, les gens de goût qui démêlaient avec un peu de netteté le pittoresque du cirque.

La collection de M. Louis est peut-être unique au monde. Paul Ginisty, qui a vu ces trésors de près, a raconté ses impressions avec beaucoup d'esprit et de grâce dans le *Dieu Bibelot :*

« Connaissez-vous, dit-il, le « cirque Montchanin » ?

« On n'y accède pas par une vaste entrée, il n'y a qu'à frapper à la porte d'un coquet petit hôtel. On ne sent en y pénétrant aucune des odeurs particulières aux établissements hippiques : la raison est qu'il n'y a ni piste, ni écurie, ni chevaux... Cette qualification de « cirque » est tout simplement le surnom familier donné à la collection d'un vieil amateur habitant cette calme et silencieuse rue du quartier de Villiers, qui, à la vérité, a la passion de tout ce qui touche aux exhibitions équestres... C'est que nul ne possède comme lui les traditions de l'art du cirque. Il n'a pas seulement connu tous ceux qui depuis trente ou trente-cinq ans ont brillé dans l'arène : il a vécu aussi avec toutes les dynasties d'écuyers, d'hercules et de jongleurs du passé... De fait, il s'est entouré d'une collection infiniment curieuse d'estampes et de documents de tous les temps ayant rapport au cirque. Ce sont les portraits de tous les maîtres, des spécimens de costumes, des affiches, des progammes, des boniments de « phénomènes ».

« Quelques-unes de ces estampes, dessins de Carle Vernet, gravures de Grimaldi et de Debucourt, ont un intérêt artistique ; d'autres sont simplement typiques. Pas un coin de l'hôtel qui ne soit couvert de ces plaisants dessins. »

Un autre amateur de cirque s'est rencontré qui ne s'est plus contenté de collectionner dans des cartons de belles affiches équestres, mais qui a rêvé de vivre dans un coin, pour son plaisir, la saine existence du cirque.

La première fois que le public lut dans les échos des journaux mondains que le señor Molieros avait bâti dans son hôtel un cirque où il tenait la chambrière, dressait en haute école et en liberté, il se dit :

— Voilà bien une fantaisie de grand d'Espagne !

La vérité, c'est que le señor Molieros s'appelait Ernest Molier, qu'il était Manceau, et que, possédant une belle fortune, il préférait la dépenser pour les chevaux qu'il aimait, qu'avec des croupiers qui l'en nuyaient.

N'était pas admis qui voulait dans le petit hôtel de la rue de Boulogne. L'intrépidité de Molier le poussait vers les chevaux vicieux. La difficulté ne faisait qu'exciter son ardeur. « Il n'était jamais plus heureux que lorsqu'il pouvait se faire obéir au doigt et à l'œil par une de ces bêtes ombrageuses qu'avant lui personne n'avait osé monter. Comme Antony, il

aurait plutôt assassiné le cheval qui lui aurait résisté (1) ! »

(1) Baron DE VAUX, *Les Hommes de cheval*.

Ernest Molier m'a souvent conté qu'il n'avait pas appris son métier dans les livres. Vous avez vu, du reste, par la lecture de ces monographies, que la science du cirque est toute traditionnelle. Ce que vous ne devinerez jamais, c'est avec quelle soupçon-

neuse jalousie le banquiste défend la propriété de ses secrets. Pour moi, j'ai appris par expérience combien il est rétif à en livrer même quelques bribes à un homme de plume qui ne sera jamais un concurrent; par là j'imagine quelle doit être sa défiance en face d'un homme de cheval. La grande loyauté de Molier, sa franchise toute militaire ont seules pu triompher de ces répugnances.

Aussi bien Molier a-t-il le génie du cirque, et les hommes de génie se passent de maîtres.

Rue Blanche, son écurie le débordait. L'air lui manquait, et aussi l'espace. Il transporta donc, en 1879, ses bagages et sa cara-

vane à la porte du Bois, rue Benouville. Un hôtel, une salle d'armes, des écuries sortirent du sol comme par enchantement. Avec les décors de la fête de Paris-Murcie on orna le manège, on en fit un véritable cirque. On bâtit même quelques loges pour une poignée de spectateurs ; nul ne prévoyait alors le retentissant succès qu'obtiendraient les réunions de la rue Benouville ; on ne songeait qu'aux amis.

Ils vinrent en foule visiter cette maison hospitalière.

La salle d'armes leur était ouverte ; on ferraillait, on sautait, on soulevait des haltères, on montait sur le trapèze. Seul Molier, tout entier à sa passion, vivait avec ses chevaux. Il dressait *Arle-*

quin, « un cheval russe, gris pommelé, de haute école, qui fait en se jouant le pas et le trot espagnol, le galop, le contre-galop, les changements de pieds, le balancer de l'avant-main, comme celui de l'arrière-main (1) »; et aussi *Blondin,* « un superbe cheval normand alezan, aux crins lavés, cheval de haute école, dressé à peu près de la même façon qu'*Arlequin* ».

Ou bien Molier formait des écuyères pour le panneau et la haute école. Sa première élève fut la jolie mademoiselle de Trèves. Il la mit à cheval, en fit une écuyère hors ligne, capable de monter debout, sans selle, en haute école, en saut d'obstacles. Puis ce fut mademoiselle Irma Viollat, une des grâces du corps de ballet. Le maître lui apprit à répéter sur le cheval les danses qu'elle exécute avec tant de virtuosité sur la scène.

Insensiblement, autour de Molier une foule d'amateurs s'étaient ralliés; ils formaient une troupe complète. Un jour, cédant enfin aux sollicitations de ses camarades, Molier consentit à donner une représentation dans son cirque.

Il était bien entendu que cela demeurerait une fête intime.

Tout Paris voulut en être.

Des artistes, des gens du monde forcèrent la porte.

Ils sortirent émerveillés et portèrent leur admiration au dehors.

Bien entendu, les journaux en parlèrent. Les gens qu'on avait laissés sur le seuil montrèrent beaucoup de sévérité. Ils crièrent au scandale. Ces acrobaties de gentilshommes étaient une facile

---

(1) Baron DE VAUX : *Les Hommes de cheval.*

matière à déclamation. Eh quoi donc! MM. Hubert de la Rochefoucauld, Martel, de Sainte-Aldegonde, de Maulde, de Visocq, de Sainte-Marie, Courtay, d'Arquevilliers, de Pully étaient entrés dans des maillots pailletés?

On rappela les Romains de la décadence, et M. Prudhomme croisa les bras sur son sein dans l'attitude du philosophe de Couture.

Depuis, on a compris que ces passe-temps acrobatiques n'étaient que la forme artistique, la sonnerie d'avant-garde de cette révolution qui vient d'aboutir à la formation de la Ligue de l'éducation physique.

Molier et ses amis, qui, avec un légitime orgueil, se souviennent qu'un jour ils ont versé cinquante mille francs dans la bourse de madame la duchesse d'Uzès au profit d'un hôpital d'incurables, revendiquent avec raison une part d'influence dans ce mouvement national. Ils ont certainement remis à la mode les exercices du corps. C'est beaucoup dans un pays où la routine est la seule reine qu'on ne détrône pas.

Aussi bien les chaleureux applaudissements qui, l'hiver dernier, accueillirent la tirade du Brettigny de *Révoltée* ont-ils prouvé aux acrobates du cirque Molier que leur cause était gagnée devant l'opinion.

Vous vous souvenez de cette alerte tirade où le gentilhomme acrobate défend son passe-temps favori contre les pointes de madame Herbeau :

« Que voulez-vous que fasse à l'heure où nous sommes un
« homme de notre monde? La politique lui est interdite. Elle est

« accaparée par d'autres baladins dont les exercices sont beau-
« coup plus dangereux pour les spectateurs, et moins amusants.
« L'armée ? C'est, en effet,
« le refuge de tous ceux qui
« ont le cœur un peu haut.
« Aussi en ai-je été. Mais
« on s'ennuie trop en temps
« de paix. La littérature ? Je
« ne saurais et j'ose dire que
« je ne daignerais. Le natu-
« ralisme est trop plat et le
« dilettantisme trop stérile. Je
« trouve plus beau de jouir
« de sa vie que de l'écrire.
« Vous connaissez les phrases
« des rhéteurs et des jour-
« nalistes sur les derniers
« rejetons abâtardis des vieil-
« les aristocraties. Eh bien,
« nous les régénérons, les reje-
« tons abâtardis ! Nous som-
« mes forts, nous avons des
« muscles, comme les porte-
« faix, et comme nos ancêtres
« les guerriers francs, comme
« les compagnons de Charle-
« magne, qui n'étaient que des
« brutes superbes (1). »

Molier et ses amis ont trion-
phé sans tapage, comme ils

(1) Jules LEMAITRE, *Révoltée*, acte I, sc. III.

avaient résisté sans bravade à la mauvaise humeur des nigauds. Depuis dix ans cette belle troupe d'amateurs s'est singulièrement accrue. Elle compte aujourd'hui deux nouvelles écuyères-étoiles : mademoiselle Blanche Lamidey et miss Anna.

Vous avez bien vu jouer *Mazeppa* dans un cirque, au moins une fois dans votre vie ; mais, depuis miss Ada Menken, jamais on ne vous a montré une toute jeune fille jetée à la renverse, seulement retenue par le pied, ses cheveux dénoués traînant sur le sable, et, dans cette mortelle posture, franchissant au galop de son cheval des obstacles accumulés.

Jamais non plus, depuis que Jenny O'Brien nous a quittés pour les Amériques, on n'avait vu une femme monter debout sur deux chevaux avec tant de crânerie, d'aplomb, d'audace que fait miss Anna. Puis, comme cette charmeuse s'habille bien ! Les amateurs de bronzes florentins n'oublieront jamais un certain maillot gris, un collant d'Arlequin, décolleté en cœur, que rappelaient sous les genoux deux délicates crémides.

Autour de ces deux sujets d'élite, Molier a su grouper une multitude de jolies femmes, d'actrices, d'artistes, de gens du monde. C'est, du côté des jupes, mesdemoiselles Lavigne et Dezoder, du Palais-Royal, mademoiselle Felicia

Mallet, mademoiselle Renée Maupin, de l'Opéra, Jeanne Becker, Léa d'Asco, etc.; — du côté des hommes : MM. Frédéric Vavasseur, Jules Ravaut, Arthus, Gerbaut, Adrien Marie, Crafty, Goubie, Pantelli, J. Lewis-Brown, — pardon à ceux que j'oublie.

Avec de pareilles ressources on devait songer à jouer la pantomime; ces spectacles d'ensemble ne sont pas le moindre attrait des représentations de la rue Benouville.

C'est là que Félicien Champsaur a tenté le premier essai de cette pantomime toute contemporaine par laquelle il veut nous divertir, sans emprunter la forme de Pierrot ni la batte d'Arlequin.

Pourquoi, s'est-il dit, montrer à tous ces gens du monde, qui annuellement viennent s'asseoir dans les tribunes de Molier, quelque vieille féerie maquillée de frais? En vérité, les hommes d'aujourd'hui font, rien qu'avec de l'or et de l'audace, de bien plus surprenants prodiges que les magiciens d'autrefois.

M. Champsaur a voulu nous montrer ses contemporains à l'œuvre, et voici ce qu'il a imaginé.

La toute gracieuse mademoiselle Rivolta de l'Éden apparaît déguisée en petite Source qui cherche sa voie. Personne n'a songé à l'utiliser pour remplir un lac, sauter une cascade, faire sauter un moulin. Aussi se promène-t-elle à travers le Cirque Molier en versant d'abondantes larmes.

Le bon hasard, qui n'aime pas à voir pleurer les jolies filles, fait passer par là deux boursiers. Ils se disent :

— Tiens! voilà une petite Source! Et il n'y a pas de casino au bord?

— Pas de petits chevaux?

— De maison de jeu?

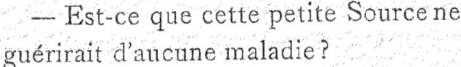

— Est-ce que cette petite Source ne guérirait d'aucune maladie?

— Elle serait donc seule de son espèce?

Sur quoi, pour s'édifier, ils prennent mademoiselle Rivolta par la main et vont frapper à la porte d'une doctoresse voisine, madame Dezoder.

Armée d'un gobelet, madame Dezoder goûte mademoiselle Rivolta.

Elle la déguste, et sa pantomime veut dire:

— Pouah!

— Qu'est-ce que ça fait! répondent les banquiers. Nous allons mettre mademoiselle Rivolta en bouteilles, et, avec une bonne étiquette, elle guérira comme ses camarades.

Ce que l'on fait.

Et comme il faut une marraine à la Source qu'on lance, les banquiers vont chercher la Fortune.

C'est mademoiselle Renée Maupin, de l'Opéra.

Ah! l'agréable personne!

J'avais toujours aimé la Fortune d'instinct, sur parole, sans la connaître; mais depuis que j'ai vu le pied, la taille et les yeux qu'elle a!...

— Tu guériras de tout, dit la Fortune à la Source.

On enchâsse la bouteille dans la maison de la doctoresse, et, dedans, mademoiselle Rivolta, qui a l'air d'une sainte dans une niche.

Puis, le défilé des *Éreintés de la vie* (c'est le titre de la pantomime) commence.

Ce sont tous les invalides de l'amour : un tas de jolies filles qui ont jeté leurs bonnets pardessus les moulins ; tous les messieurs qui ont été les ramasser.

L'Amour lui-même vient à la Source.

Il est bien malade. Ses pauvres petites ailes lui pendent pitoyablement dans le dos :

— A la douche ! à la douche !

Le temps de tremper l'enfant dans l'eau, et il sort métamorphosé en Hercule Farnèse, avec des biceps qui roulent, gros comme des oranges, de l'épaule au coude.

Et tout cela s'achève par un défilé à son de trompe à la fin duquel le Veau d'or apparaît promené en laisse par la Fortune.

J'ai cité cette pantomime de M. Champsaur de préférence à d'autres plus récentes, et qui ont autant réussi.

C'est qu'elle caractérise nettement le genre des spectacles du Cirque Molier.

On voit et l'on représente rue Benouville ce qu'on ne saurait jouer ni montrer ailleurs, car ici, spectateurs et acteurs sont des gens de même éducation, de même milieu, qui se connaissent tous.

Ils ont ouvert leurs portes plus largement qu'autrefois. Ils n'en ont pas abandonné la garde.

Ils entendent continuer à se divertir librement, entre gens du monde, et laisser dehors qui leur déplaît.

C'est ainsi, par exemple, que, pas plus aux répétitions qu'aux représentations de la rue Benouville, vous ne verrez, ni dans les loges, ni dans les couloirs, le reflet d'un menton bleu.

La porte est close pour les gens de théâtre.

Quoi ! même pour Chose et pour Machin ?

Même pour Lui.

La « croix » et la bannière n'y peuvent rien.

Monsieur le Sociétaire a vainement tenté de forcer une porte qui s'entrebâille pour les banquistes...

Une voix lui a crié du haut d'un trapèze :

— Bien fâchés, monsieur ! mais nous avons gardé le préjugé des comédiens !

INDEX

DES NOMS PROPRES CITÉS DANS CET OUVRAGE

A

AGOUST, 25, 166, 215, 216, 217, 218, 219.
AGRENIEFF (d'), 150.
ALLARD, 64.
ALLEN, 16.
ALPHONSINE (lady), 157.
ANCIOU (miss), 7.
ANNA (miss), 238.
ARABELLE, 54.
ARCHIMÈDE, 83.
ARQUEVILLIERS (d'), 236.
ARTHUS, 239.
Artist (der), 6, 7.
ASCO (Léa d'), 239.
ATHOL, 13.
AURIOL, 11.

B

BAILEY (J. A.), 12.
BANVILLE (de), 2, 216.
BARLOW, 17.
BARNUM (P. T.), 9, 11, 12, 13, 14, 16, 47, 225.
BAYARD (Émile), 71.
BÉBÉ, 46.
BECKER (Jeanne), 239.
BERBERIE, 140, 141.
BERMONT, 59, 62.
BERTINI (Suzanne), 54.
BERTRAND, 64.
BIDEL (François), 19, 20, 104, 107, 108, 109, 110, 113, 114, 117.
BIÉVILLE (Berthe), 54.
BILLY HAYDEN, 45, 89, 211, 212, 213.
BLANCHE (Adda), 159.
BLONDIN, 159, 160.
BONE (colonel), 109.
BONHEUR (Rosa), 108.
BONNEFOIS (Melchior), 54, 55, 56.
BONNETTY, 94, 95, 96, 97.
BOULMIERS (des), 62.
BRETONNIÈRE (Guy de la), *iv*.
BRIOCHÉ, 63.
BRUNSWICK (duc de), 141.
BUCQUET, *iv*.
BUFFALO-BILL, 8, 26, 152.
BUFFON (de), 94.
BURGERS, 209.

C

CALLIAS, 46.
CARRABILLIAT, 31.
CARVER (Dr), 11.
CASTANIET, 181.
CÉPHISSODOTE, 56.
CHABLE, 30.
CHADWICK, 21.
CHAM, 160.
CHAMPSAUR, 239, 242.
CHELLI (Emilio), 172, 173.
CHELLI (Erminia), 45, 172, 173, 174, 175, 176.
CHIESI, 141.
CHUNG, 91, 92, 93.
CLADEL (Léon), 105, 106.
CLAM, 66, 67, 68, 69.
COCHERIE, 65, 66.
CODY (W. F.), 153.

COQUELIN ainé, 66, 87.
COQUELIN cadet, 88.
CORRADINI, 89.
CORSO, 140, 141, 142.
CORVI, 19, 86, 87, 88.
COURTAY, 236.
COUTURE, 86, 236.
CRAFTY, 239.
CRAGGS, 222, 223, 224, 225.

D

DACIER (Mme), 145, 146.
DALSÈME, *iij*.
DARYL (Philippe), 120.
DARWIN, 86, 215.
DEBURAU, 211, 216.
DELILLE, 17, 69, 70, 71, 73.
DEZODER, 238, 240.
DETAILLE (Édouard), 113, 115.
DOMINIQUE, 64.
DUDLAY (Marguerite), 126.

E

EDWARDS (Millie), 47.
ÉLIE (prophète), 75.
ELLEVANTIÉMIE, 16.
Era (the), 3, 4, 6, 7.
ESCUDIER, *ij*.
EXALTIER, 30.

F

FATHMA, 52.
FOOTEET, 211.
FORSBERG (Nils), 179.
FRANÇOIS (M.), 45, 51.
FRANCONI (Ch.), 126, 134.
FRANCONI (Laurent), 125, 126, 148.
FRANCONI (Victor), 10, 11, 121, 126, 172.
FRANKLOFF, 157.
FRIEDLANDER, 17.

G

GALLICI, 69.
GAUTIER (Théophile), 97, 142.
GERBAUT, 239.

GIBSON, 46.
GINISTY (Paul), 229.
GONCOURT (de), *iij*.
GOUBIE, 239.
GRIFFITHS, 89.

H

HANLON-LEE, 196, 201, 208, 213, 215 216, 217, 218, 219.
HARRIS, 91, 92.
HENGLER, 206, 207.
HERVIEU (Paul), 113, 114, 118.
HITZIG, 8.
HOMÈRE, 88.
HOUCKE, *ij, v*, 19, 145, 148, 149.
HOUDIN (Robert), 73.

I

IBRAHIM (lady), 162, 163.

J

JACKLEY (famille), 9, 10.
JOHNSTON (Mme Henry), 92.
JOSEPH, 51.
JUMBO, 79.

K

KIANG, 86.
KINNER, 46.
KOLTA (de), 73, 74, 75.
KRAUSS (C.), 6.

L

LA BRUYÈRE, 159.
LA GRILLE, 64.
LALANNE, 11.
LAMIDEY (Blanche), 238.
LAROCHE, 69.
LAURENCE (Jeanne), 54.
LAVIGNE, 238.
LEDGER, 3.
LEHNEN (Jacob), 45.
LEMAITRE (Jules), 74, 97.
LÉOPOLD, 208, 219.

LÉOTARD, 11, 193, 225.
LÉOVIL, 208.
LESAGE (Cte), 56.
LÉVY (Ch.), 17.
LÉVY (Émile), 17.
LEWIS-BROWN, 237.
LILIANNE, 11.
LINON (Rose), 54.
LINSKY, 11.
LIVET (C.), 176.
LOCKHART (frères), 11, 89.
LOISSET (Clotilde), 120.
LOISSET (Émilie), 120, 121, 128, 176.
LONDE (Albert), *iv, v.*
LOTI (Pierre), 202, 203, 227, 228.
LOUIS (M.), 229.
LOYAL (M.), 88, 121, 122, 123, 135, 148, 212.
LUTÈCE (Mlle), 54.
LYCURGUE, 56.

M

MABILLE, 184.
MAGGIE (Miss), 6.
MAGILTON, 215.
MALLET (Félicia), 239.
MARIE (Adrien), 239.
MARS (M.), 182.
MARSEILLE, 56.
MARTEL, 236.
MATHIEU, *iv.*
MAULDE (de), 236.
MAUPASSANT (de), 109.
MAUPIN (Renée), 239, 240.
MAURA (Franck), 167.
MAURICE, 64.
MENDÈS (Catulle), 219.
MENGAL, 23.
MENKEN (Adda), 238.
MÉTRA, 26.
MIDGETT, 47.
MIETTE, 84, 85.
MIREILLE, 54, 55.
MITE (général), 47.
MOLIER (E.), 128, 129, 224, 230, 232,
233, 234, 235, 236, 237, 238, 239.
MOORE, 209.
MOSCOU, 126.
MOUNET, 62.

N

NELLA (Miss), 194, 195.
New-York Mirror, 6.
NINE (la petite), 46.
NOUMA-HAWA, 104.

O

OAKLEY (Annie), 154.
O'BRIEN, 134, 238.
OCÉANA, 161, 162, 173.
OCTAVE, 64.
OHIA, 194, 195.

P

PANTELLI, 239.
PARAVICINI, 8.
PARFAICT (frères), 62.
PARKER (Miss), 92.
PASCAUD (M.), 182.
PAULINA (princesse), 48, 49, 50.
PEZON (Adrien), 113.
PEZON (J. B.), 104, 105, 106, 107, 109, 112.
PHILIPPE, 29, 43.
PHOITS, 14.
PINAUDS (les), 208, 219, 220, 221, 222.
PINDARE, 145, 203.
PLUTARQUE, 56, 89.
PLUVINEL, 125.
PRINCE, 134, 135.
PULLY (de), 136.

R

RAKOCZY, 40.
RAMY, 208.
RAVAUT (Jules), 239.
RÉGAMEY, 216.
RÉGENT, 126.
RENAN (Ernest), 12, 75.

Renard, 208.
Renz, 128.
Revert (J. B.), 19.
Revue (la), 6.
Rigo, 40.
Rivolta, 239, 240, 241.
Robert (Constant), 113.
Rochefoucauld (Hubert de La), 236.
Romanes (G. J.), 80.
Rosinsky, 8, 9, 10, 11, 12.
Rossi (Adèle), 131, 133.
Rousseil (Roselia), 110.
Rowe, 13.
Ruggieri, 151.

S

Saqui, 159, 160.
Sainte-Aldegonde, 236.
Sainte-Marie (de), 236.
Saint-Senoch, *iv*.
Salsbury, 8, 26, 153.
Sari, 9, 10.
Selle, 64.
Sévérus, 166.
Shakespeare, 207.
Sirius, 86.
Skobeleff, 148, 149, 151, 152.
Sophocle, 144.
Souvary, 46.
Stenegry, 53, 54.

T

Tanner (Dr.), 216.
Théo (Mme), 54.
Théocrite, 56.
Thomas (M.), 149, 216.

Trèves (de), 235.

U

Union mutuelle, 18, 21, 23.
Uzès (duchesse d'), 236.

V

Vaux (baron de), 125, 231.
Vavasseur (F.), 239.
Vega (Antonio), 54.
Véron (Pierre), 160.
Viollat (Irma), 235.
Virgile, 79.
Visocq (de), 236.
Vivien, 17.
Volta, 196, 197, 198, 199, 200, 215.
Voyageur forain, 17, 19, 21, 22, 23, 29, 43.

W

Walter (J. H.), 185, 186, 187, 188, 189.
Warner, 8.
Watteau, 206.
Wild, 8.
Woronzoff, 54.
Wulff, 8.

Y

Yotshitaro, 167.
Young (Brigham), 9.
Young (Ch.), 91.
Young (Julius), 91.

Z

Zingari, 2.

TABLE DES MATIÈRES

PREMIÈRE PARTIE

LES BANQUISTES

CHAPITRE PREMIER.
L'Organisation... 1

CHAPITRE II.
La Foire... 27

CHAPITRE III.
Les Entresorts.. 43

CHAPITRE IV.
La Baraque... 59

DEUXIÈME PARTIE

LES JEUX DU CIRQUE

CHAPITRE PREMIER.
Les Dresseurs. 79

CHAPITRE II.
Les Dompteurs. 99

CHAPITRE III.
Les Écuyers. 119

CHAPITRE IV.
L'Hippodrome. 137

CHAPITRE V.
Les Équilibristes. 155

CHAPITRE VI.
Les Gymnasiarques. 179

CHAPITRE VII.
Les Clowns. 205

CHAPITRE VIII.
Les Cirques privés. 227

Index 242

A

PHILIPPE DARYL

A l'auteur de la Petite Lambton

Au fondateur

de la

Ligue de l'Éducation physique

Achevé d'imprimer

PAR

E. PLON, NOURRIT ET Cie

Le 15 novembre 1889

GRAVURES DE CH. G. PETIT ET Cie

ENCRES DE LA MAISON CH. LORILLEUX ET Cie